もう、不満は言わない

ウィル・ボウエン
高橋由紀子＝訳

SB
サンマーク
文庫

もう、不満は言わない　目次

プロローグ

Part I 自分が不平を口にしているのに気づかない段階

Part II 自分が不平を口にしていることに気づく段階

第三章　不平不満を言わないと人間関係がよくなる

第四章　すべてはあなたの中にある

Part III 意識すれば不平を口にしないですむ段階

第五章 不平不満よりも沈黙を選ぶ

編集協力……逍遙舎

プロローグ

何か気に入らないことがあるなら、それを変えればいい。
変えられないのなら、自分の態度を変えよう。
不平を言ってはいけない。

――マヤ・アンジェロウ（米国の詩人）

人生を変える秘密

　あなたが手にしているこの本の中には、人生を変える秘密が隠されています。そんな大げさなって？　そうかもしれません。でも、この本で紹介する方法が大勢の人に役立っているのを、私はこの目で見てきたのです。

　私のところには、成功を報告するメールや手紙が毎日送られてくるし、電話もかかってきます。**この人たちがしたことは、ただ紫のシリコンブレスレットを手にはめて、二十一日間、不平不満、人を責める言葉、ゴシップなどを口にしないように努めたという、それだけのことです。**

　口にしてしまったら、ブレスレットをもう一方の腕にはめ直して、また一日目からスタートします。そうするうち、あなたには新しい習慣が生まれます。自分が口にする言葉を、意識するようになるのです。言葉を変えようとする努力によって、考え方にも変化が生じ、やがて生き方そのものを考え直すようになります。

　あなたと同じように初めは半信半疑だった人たちが、やってみた結果、慢性的な体の痛みから解放されたとか、人間関係が改善されたとか、仕事がうまくいくようになったとか、いつも幸せな気分で過ごせるようになったとか、そういうことを知らせてくれます。

＊　＊　＊

私は、ネブラスカ州にあるオマハ・ノースウェスト高校の二年生です。昨日私の学校で、銃の発砲事件がありました。私は友達と一緒に、「不平を言わない二十一日間」を試してみたいと思っています。ブレスレットを五つ送ってくださいますか？

匿名希望

＊　＊　＊

私の知人は、慢性的な頭痛に悩まされていました。夜仕事から帰って妻に話すことといえば、今日もどれくらい頭痛がひどかったかということばかり。愚痴をこぼして頭痛が軽減されるわけではないことは彼にもわかっていました。彼はまず、これを言うのをやめてみようと思いました。

彼の名前はトム・アルヤー。今はすっかり頭痛から解放されて、私の「不平不満のない世界（A Complaint Free World）」プログラムのコーディネーターとして、数十人のボランティアの先頭に立って働いてくれています。

痛みが軽減される、健康が改善する、人間関係がよくなる、仕事がうまくいく、心が落ち着いて幸せになれる……かもしれない、というのではなく、おそらく本当にそうなります。精神の根本をつくり直すなどというのは、生やさしいことではありませんが、ほんの少しの時間――どうせ時は流れていくのですから――この方法を試してみるくらいのことは、簡単にできます。そしてその結果、望んでいたとおりの人生が開けてきます。

紫のブレスレットは、ウェブサイト（www.AComplaintFreeWorld.org）へ行けば申し込むことができます。世界中のどなたにも、実費でお送りしています（プログラムは寄付で成り立っているので、寄付するお気持ちになったらしてください）。ブレスレットの使い方は、以下のとおりです。

① どちらかの腕にブレスレットをはめる。

② 自分が、不平不満や人の悪口やゴシップを口にしているのに気づいたら、ブレスレットをもう一方の腕にはめ換えて、再スタートする。

③ 紫のブレスレットをはめている人が不平を言うのを耳にしたら、はめ換えるように言ってもいい。しかしそれをするなら、まず自分がはめ換える。

④ それをずっと続ける。二十一日間はめ換えずにいられるまでには、たいてい何か月もかかる。平均では四か月から八か月というところ。

不平不満のない世界

緊張する必要はありません。気をつけるのは、文句を言うこと、人を非難すること、ゴシップを言うことに限られているのですから。それに、口から出てしまったらアウトで、ブレスレットをはめ換えてやり直さなければなりませんが、心の中で考えただけなら、セーフです。でも、この練習をしているうちに、心の中で不平不満を思うことも、自然に減っていきます。

さあ、すぐに始めましょう。何も紫のブレスレットがなくてはできないわけではありません。手にゴムバンドをはめてもいいし、ポケットにコインか小石を入れてもいいし、デスクの片隅にペーパーウェイトか何かを置いてもいいのです。自分をモニターできるわかりやすい方法を考えてみましょう。すぐに始めてみてください。不平不満や非難やゴシップを口にしている自分に気がついたとき、ゴムバンドなり、ポケットのコイン、小石なり、ペーパーウェイトなりを、さっと反対側に動かします。この「動かす」という行動が大事なのです。これによって、**あなたの意識の中に、畝《うね》が掘られます。脳に自分の行動を意識させるわけです。だから、何かを動かさなければなりません。毎回必ず忘れずにやりましょう。**

前の段落の中で、「不平不満を言っている自分に気がついたとき」と書きましたね。「もし不平不満を言ったなら」じゃないんです。不平不満を言うことは、今の世の中では伝染病のようなもので、あなたも自分で思うよりもはるかにひんぱんに言っているはずです。自分がそうだったからといって、驚くにはあたりません。

この本の中で私は、不平不満は何からできているのかということをお話しします。また、どうして不平不満を言うのか、そうするとどんないいことがあると思っているのか、どれほど不平不満が私たちの生活を毒しているか、どうしたらまわりの人たちにもやめさせることができるか、ということもお話しします。この本を最後まで読んでいただき、あなたが不平不満を言わなくなれば、まわりの人も自然に言わなくなるということがおわかりになるでしょう。

ブレスレットで天文学的数字の不平が減る

少し前のことですが、私は友人とラケットボールをしていました。一セット終えたところで、息を弾ませながら彼は言いました。「それで、例の紫のブレスレット、何個配ったんだい？」「ええと、十二万五千個かな、今のところ」と私が答えると、彼はふうんと言う顔で水を一口飲み、「十二万五千個。中くらいの町の人口か」と言いました。「あ、そうだね」。私もまだ実感がわかなかったのです。「いつから？」「七か月前から」「七か月で十二万五千個ねえ……」。彼は信じられないというように頭を振りました。

最終セットのためにスウェットバンドとゴーグルを調整しながら、彼がまた聞きました。「普通の人は、一日に何回くらい不平を言うのかな」「さあ、知らないけど。僕が自分でやったときには、ブレスレットを一日二十回くらいはめ換えたよ」。彼は立ち上がり、さあやろうというようにラケットを振って肩をほぐしながら、「計算してみろよ」と言います。私はさっきのセットの点数を間違えたかと、少し慌てて「え、何の計算？」と聞きました。

「十二万五千に一日分の不平不満二十回をかける。一か月はその三十倍、七か月だからそれにさらに七をかける……これは、ものすごい数だぜ！　この間に、これだけの数の不平がこの世から減りつつあるってことだ」。私は一瞬足を止めて考え、それからコートに入りました。彼は、コーナーを狙《ねら》う鋭いサーブを打ち込んできました。私は打ち返しましたが、彼の言ったことが頭から離れず、結局負けました。紫のブレスレットをはめるという簡単なアイデアが、想像を絶する数の不平不満、悪口、ゴシップに歯止めをかけてきた……。

たしかにインパクトはあったのです。この活動は広がりつづけています。私が牧師を務める教会のスタッフは、週平均七千件のブレスレットの注文を受け、世界八十か国に配送しています。毎週私のデスクの上に置かれるフォルダーは、各地から送られてくる手紙で、三センチの厚さに膨れ上がっています。学校の教師たちは、生徒に自分たちが口にする不平不満を意識させるように指導したところ、教室の雰囲気がすっかり変わったと知らせてくれました。

さまざまな宗派、教派の教会でも、このアイデアを取り入れています。ただブレスレットをつけるようにすすめるだけでなく、「不平不満のない世界」という夜のクラスを設けたり、日曜学校のカリキュラムを組んだりしています。このチャレンジに参加している人の中には、ひどい裏切りにあった人も、貧しい人も、不治の病に苦しむ人も、失業した人も、自然災害にあった人もいます。それでも生活から不平不満をなくそうと努力しているのです。

こういうキャンペーンは、それ自体が命を吹き込まれて、動き出すものなのでしょう。この大きな動きの中に身を置くということは、大きな喜びです。

人生は自分の言葉でつくり出される

二〇〇六年の夏、私の教会は「サマー・ブッククラブ」という集まりを計画しました。一冊の本をみんなで読み、それについて語り合うクラスです。

心に響くよい本はないかと探すうち、一冊の本に出合いました。人々の悩みの多くは、やはり経済的な問題です。私の受ける相談でも、借金のこと、仕事が不安定なこと、貧しさから抜け出せないといったことが多いのです。お金がなくても豊かに暮らすにはどうすればいいのでしょう。ブッククラブのために私が選んだのは、『The Four Spiritual Laws of Prosperity（豊かな人生のための四つのスピリチュアル法則）』（エドウィン・ゲインズ著）という本です。この本はその答えを、明快に力強く、手の届く範囲で教えてくれます。百人以上の人がこの本を買ったので、私はクラスとは別に、五週間にわたって、さらに内容を深く掘り下げたり、互いの疑問、アイデア、理解を交換する場を設けました。

その二週目のことです。クラスで話す内容を準備しているとき、ある啓示がひらめきました。私は事務局のマルシアに電話をしました。

私がアイデアを説明する間、マルシアは我慢強く聞いていましたが、ため息をついて言いました。「また日曜日に、変なものを配るんですね」。うんざりという声ですが、彼女は私がクラスや礼拝のときに、ちょっとしたものを信者のみなさんに配るのを、けっこう楽しんでいます。これまでにも、その日に話したことを印象づけるための小道具として、マグネット、しおり、小さな額ぶち、ペンなどを配ってきました。「変なもの」とマルシアは言いますが、目に見えるシンボルとして、教訓を定着させるために役立っているのです。

「それにしても、なぜゴムのブレスレットなんです?」とマルシアが言いました。

私は、ゲインズの本をはじめ多くの本が、自分が欲することに焦点を合わせることが大事だと書いていると説明しました。「心の中で考えたとおりにものごとが起こる、でしょ?」とマルシア。私がしょっちゅう言うので、耳にたこができているのです。「そのとおり」と私は言いました。

「不平不満を言うことは、欲していないことに注目することになる。悪いことを口にして、それに注目すればその状況は拡大する。私はみんなの生活から、不平不満をなくしたいんだ。ブレスレットがその努力を応援してくれる」

「ですから、なんでブレスレットをはめるとそうなるんです？」とマルシアが怪《け》訝《げん》そうに聞きます。私は、**「鶏の卵は、孵《ふ》化《か》するのに二十一日かかる。人間が新しい行動を習慣にするにも、やはり二十一日かかるのだそうだ。**みんなにこのブレスレットをはめてもらって、二十一日間連続で不平不満を言わないで過ごせるか、チャレンジさせたいんだ。不平不満を言ったら、ブレスレットは別の手にはめ直し、そこから再スタートする」と説明しました。

「ふーん、難しそうですねえ」とマルシア。「不平不満を言っちゃったら、やり直すのは翌日からにして、その日一日は好きなだけ言っていいということにすれば？」「いや、ダメだ」と私は言いました。

「ブレスレットをはめ直したら、即座にスタートする。**肝心なのは、自分が口にする言葉を認識することなんだ。それができれば、次は口から出る前に気がつくようになる」**

電話口の向こうは、無言でした。「マルシア?」と私は声をかけました。通話が切れたのかと思ったのです。「聞いてますよ。みんなにできるかなあ、というか、自分にできるのかしらって思ってたんです」とマルシア。「私もだよ。どうだい、やってみないか」

「ええ、まあ」と返事はさえませんでしたが、「安物の雑貨を売っている店を探してみます。どういう色がいいんです?」と聞きます。私は少し考えて「とくに決めてないが。君はどう思う?」「紫は?」と彼女が言いました。「上品だし、転換という意味もあるそうだから。黄色やオレンジやピンクはありふれてるでしょ」「ああ、いいね」

マルシアが、「SPIRIT」という文字が入った紫のブレスレットを売っている店を見つけてくれ、私たちは、必要な数の二倍、五百個を注文しました。まだ、そのときには今のような状況は想像もしていませんでした。私が「『no complaining』(不平を言わない)などの文字を入れることはできないかな」と言うと、マルシアは「できます。でも五百個ばかりだと、費用がかさんでバカバカしいですよ。どうせみんな、家に着くなりポイとどこかに入れて忘れてしまうんですから」。

「しかし、どうやってその『SPIRIT』を説明しようかなあ」。私は大きな声でつぶやきました。「これは精神の変革なんだって、そう説明したら？」とマルシアが言いました。

次の日曜日、信者たちに二百五十個のブレスレットを配りました。残りも、礼拝の後、あっという間になくなってしまいました。みんなが、会社や、学校や、チームや、社会活動のグループの仲間にあげたいと言って、もらいにきたからです。その日私はみんなに、ブレスレットの使い方を説明し、不平不満という「耳から入る公害」がなくなったら、人生がどう変わるか想像してみようと言いました。そのとき会場内に、興奮と動揺が入り交じった空気が流れたように感じました。それから私は、自分もまたこのプログラムにチャレンジすると話しました。こうみんなに誓ったのです。

「連続二十一日間。その間、不平不満も悪口もゴシップも口にしません」

「私とともにチャレンジしてください。たとえ三か月かかろうと三年かかろうと。それが終われば、あなたの人生は今よりずっと暮らしやすいものになります。何度もはめ換えたために、ブレスレットが切れてしまったら、新しいのを差し上げます。どうぞやめずに続けてください」と私は呼びかけました。

不平不満とは、自分が欲していることではなく、欲していないことについて話す行為です。私たちは不平不満を言うとき、好ましくない状況を表現する言葉を一生懸命使っているわけです。「人生をつくり出すものは考えであり、考えは言葉によって表現されます」。言い換えると、「明確に言葉で表現したものは、実際に行うことになる」ということです。

私たちはみな、毎日自分の人生をつくっています。だから人生の手綱《たづな》を取って自分の望む方向に向けてやることができます。人生は、自分で脚本を書いて監督している、映画のようなものです。主演俳優は、いうまでもなくあなたです。自分という人間も、自分自身がつくった作品です。「われわれはみな自分で自分をつくっている。でも、そう考えているのは、自分が成功者だと思っている人だけだ」と、思想家のアール・ナイチンゲールは言いました。

人はすべての瞬間に、そのときもっとも集中して考えている事柄によって、人生をつくっています。今日みんなは、そのことに気がついたのだと思います。意識の変革を告げるベルが、頭の中で鳴ったのでしょう。人生だけでなく、社会も、政治も、健康も、世界のすべての状況も、私たちが考えたことの表れであり、それによって生じた行動の結果です。

こういう考え方は、別に新しいことではありません。多くの偉大な哲学者や教師たちが、一千年も前から、次のようなことを言っています。

「あなたの信じたとおりになるように」――マタイによる福音書

「宇宙は変化そのものだ。われわれの人生は思考が形作るとおりになる」――マルクス・アウレリウス（古代ローマ皇帝・哲学者）

「私たちは思考によって形作られる。考えたとおりのものになる」――ブッダ

「自分の考え方を変えなさい。そうすれば人生が変わる」――ノーマン・ビンセント・ピール（米国の牧師・作家）

「私たちの人生は私たちがこれまで考えてきたことの結果である。これからも考えが人生を導く」――ジェームズ・アレン（英国の思想家）

「われわれは考えたとおりのものになる」――アール・ナイチンゲール（米国の思想家）

「自分の考えをコントロールしなければならないと気がついたとき、道徳的文明の最高レベルに到達できる」――チャールズ・ダーウィン（英国の生物学者）

「自らの運命の主人、魂の指揮官でなくてどうする。われわれには自分の考えをコントロールする力があるのだ」——アルフレッド・A・モンタペルト（米国の著述家）

言葉は考えを表現し、考えは人生をつくる。人は前向きに生きることもできるし、ネガティブに生きることもできます。ただ、これまでの経験からいうと、自分がネガティブな人間だと思っている人はめったにいません。ほとんどの人は、自分は前向きで元気で、楽天的で自信に満ちていると思っています。そうでないことは、その人の口にする言葉からまわりの人には明らかなのに、本人はわからないのです。こういう人は、ひっきりなしに文句を言います。私にもそういう時期がありました。

しかし、人生をよりよい方向に変えたいと思ったら、自分の考え方をコントロールできなければなりません。この紫のブレスレットが、自分がどのくらいネガティブかということを、教えてくれます。ブレスレットを何度もはめ換えているうちに、自分が口にする言葉を、しだいに意識するようになるのです。やがて、自分の考え方の特徴にも気づくようになります。

そうすれば最終的に、自分がこうありたいと思う人生に軌道修正することができます。紫のブレスレットは、自分のネガティブな部分に仕掛けるワナのようなものです。ワナにかかったものは、二度と帰ってこないように追い払ってしまいましょう。

紫のブレスレットが大きなうねりに

紫のブレスレットを信者のみなさんに配って、二十一日間のチャレンジをすすめたあと、私はこういう話をしました。

「子どものころ、湖に小石を投げる遊びをしたものです。小石が水に落ちると、水しぶきの後、波紋がまわりに広がっていきます。浜まで届く波もあれば、洞窟《どうくつ》の中に消えていく波もあります。今、この小さな教会の中で、波紋が生まれようとしています。この波がこれから八方に広がって、世の中を変えるかもしれません」

人々の遠慮がちだった表情が、しだいに熱を帯びてくるのが感じられました。

「この紫のブレスレットは、欲しい人には誰でも無料で差し上げます」と私は言いました。「まずカンザスシティを、アメリカ初の不平不満のない町にしようではありませんか！」。その後、うっかりこう付け加えました。

「今年のロイヤルズ（カンザスシティを本拠とする野球チーム）のあのていたらくを見てると、つい文句も言いたくなりますがね」

会場がしんとなりました。私は気がついて、ブレスレットを右手から左手にはめ換えました。これが、私のスタートでした。

このブレスレットのことは、しだいに地域の人々の耳に入りました。私たちは、もう五百個追加注文しましたが、届く前に予約がいっぱいになりました。あと一千個注文しようか、余ったらどうしようと迷いましたが、結局注文し、それもなくなりました。雨だれのように来ていた注文はそのうち、途切れない流れになり、大雨のように降り注ぎ、最後には洪水となって押し寄せてきました。

何か大変なことが起こりつつあると感じた私は、カンザスシティ・スター紙に電話をしました。彼らはジャーナリストのヘレン・グレイを紹介してくれ、私は彼女に、今ここで起こりつつあることをメールに書いて送りました。

ブレスレットを発送するかたわら、私はこのチャレンジの難しさを自ら実感していました。最初の日など、ブレスレットのはめ換えで、手がくたびれてしまったくらいです。自分がこれほどしょっちゅう不平不満を言っていたことに、あらためて気がつきました。やめたいとさえ思いましたが、教会の人々の目が私に注がれています。一週間後、一日五回ですむ日がありました。でもその翌日は十二回。それでも続けました。私は自分自身を、不平不満の多い人間だと思っていなかったのですが、それは間違いでした。このチャレンジに四苦八苦している間、私は新聞社の人に話をする気もせず、グレイ女史から何も言ってこないので、かえってほっとしていました。自分が一向にうまくできないことについて話す気になどなりません。「はい、私がこのチャレンジをすすめた牧師です。ええと、私ですか？　二週間がんばったんですが、せいぜい連続六時間というところですかね」とも言えませんからね。

それでも、何とか続けました。一か月たってようやく、三日続きました。日曜日ごとに信者のみなさんは、私のブレスレットがどちらの手にはめられているか、興味深そうに見つめます。なかには、すでにブレスレットを外してしまった人たちもいます。しかし、大半の人たちはまだ続けていて、それが私には励みでした。私はついにゴールを定め、九月三十日までに達成すると紙に書きました。私は毎朝それを三回声に出して読み、毎晩三回書き出しました。そして、少しずつ進歩していきました。

そのうち、ある人たちと一緒のときはいいのに、別の人たちと一緒にいるとうまくいかないということに気がつきました。これまでいい仲間だと思っていたのですが、そのグループの会話は、主に不平不満で盛り上がっていたのです。少し気がとがめましたが、私はこの仲間を避けました。おかげで、ブレスレットは動かずにすみます。それに何より、幸福感を感じられるようになったのです。

それから一か月もたったころ、カンザスシティ・スター紙のグレイ女史がメールをくれて、今まで休暇をとっていたのだが、私の話に興味があり、ぜひそのブレスレットのことを書きたいと言ってきました。彼女が記事を書いている間に、私はやっと二十一日間を完走しました。記事が最初に出たとき、完走できていたのは私一人でした。

私はもう一度教会の理事会で、このブレスレットは誰にも無料で配布してかまわないということを確認しました。これによって人々の意識がよいほうに変われば何よりと、教会も考えたのです。しかし、カンザスシティ・スター紙の記事が、他紙にまで波紋を広げるということは、予想外でした。数週間のうちに、私たちのところには、九千個のブレスレットの注文が届きました。私は店からありったけのブレスレットを買い、さらに注文もしました。注文を直接受けられるように、ボランティアのメンバーがウェブサイトを立ち上げてくれたうえ発送のためのラベルも作ってくれました。ウェブサイトのアドレス www.TheComplaintFreeChurch.org（不平不満のない教会）を取得すると、ますます多くの新聞やテレビ局が、話を聞きに来ました。

この動きはまたたくうちに広がっていきました。あるカトリックの教区は、彼らの信徒および日曜学校の生徒二千人すべてに、ブレスレットを配りたいと言ってきました。オーストラリア、ベルギー、南アフリカからも注文が来ました。こんなさざ波のような動きが、地球規模に広がったのを感じ、私はウェブサイトのアドレスを、www.AComplaintFreeWorld.org（不平不満のない世界）と変えました。

ボランティアたちは、データ入力チーム、荷造りチーム、仕入れチーム、発送チームに分かれて働いてくれました。

百以上もの新聞が取り上げてくれたあと、テレビのニュースショー、「ザ・トゥデイ・ショー」それから全国規模の有名な「ザ・オプラ・ウィンフリー・ショー」に取り上げられ、この動きは力強く広がっていきました。オプラ・ウィンフリーのプロデューサーにインタビューされたとき、このキャンペーンのゴールは何かと尋ねられました。私が、世界の意識を変えることだと答えると、彼女は私の顔を見て少し気の毒そうに微笑《ほほえ》み、「すごく大きな夢ですねえ」と言いました。

私は微笑み返しました。「まあ、計算してごらんなさい」

この本を書いている今、ブレスレットの注文はおよそ六百万個に達しています。世界八十か国から注文がきます。一日に約一千個の割合です。普通は、二十一日間を完走するのに、平均して四か月から八か月かかります。ブレスレットの数に、人々が不平不満を言う回数をかけてみましょう。このシンプルなアイデアによって、どれだけ多くの不平不満が鎮められたことでしょう。

家庭、学校、職場、教会、スポーツチーム、病院、刑務所、警察署、消防署、クリニック、軍隊、政府機関など、社会のさまざまな場所で、紫のブレスレットをはめて、自分の言葉をポジティブなものに変えようとがんばっている人たちがいます。

不都合な点にばかり注目しない

世界の意識を変えるという現象は、すでに起こりはじめています。

次の二つの事柄は、誰もが同意することです。

① 世界には不平不満が多すぎる。
② 今の世の中は、好ましい状況ではない。

この二つは密接につながっています。私たちは、健康的で明るく調和のとれた世界にビジョンを求める代わりに、不都合な点にばかり注目する傾向があります。この本を手に取ってくれたあなたもそう感じていて、不都合な問題に加担するのをやめて、それを解決する力になりたいという気持ちがあったのではないでしょうか。ポジティブな変化を率先して起こせば、それだけで世の中は少し変わります。このブレスレットのチャレンジに参加してみてください。子どもたちのために、未来を照らすたいまつを掲げることになります。

先日私は、カンザスシティ・ロイヤルズの野球の試合を見ていました。あるファンのグループがウェーブを立ち上げ、スタジアムの観客席を一回りさせようとしています。熱狂的にウェーブが始まり、人々は爪先《つまさき》立ちになって腕を振り上げ、大声で叫びます。その波は、途中までは走っていくのですが、ある部分に来ると静まって消えてしまいます。この部分にいたファンたちが、どうしてかウェーブに協力する気がないので、波は立ち消えになってしまうのです。

人々の意識を変えるという この波は、今ようやくあなたのところに届きました。それを消さずにつなげていきましょう。不平不満のない世界を周囲につくることができます。それがやがては、より広い世の中の平和にもつながります。あなたの子どもやそのまた子どもたちのために、ぜひそうしてください。でも一番大切なことは、これをあなた自身のために行うことです。**自分の幸せを考えるのは利己的ではないかなどと考える必要はありません。あなたが幸せになれば、世の中の幸せレベルを高めることになります。ポジティブな考え方と希望が人に伝われば、その人にも同じ効果をもたらします。明るい未来を望むネットワークをつくることができます。**

文化人類学者のマーガレット・ミードはかつて、「少数の思慮深く強い意志をもった人々が世界を変えられるということを疑ってはいけない。実際、世界を変えてきたのはそういう人たちだけなのだ」と言いました。

さざ波は、広がりつづけています。
あ、言うのを忘れていましたが、事務局のマルシアも達成です！

Part I

自分が不平を口にしているのに気づかない段階

第一章

われ不平を言う、ゆえにわれあり

人が言葉を発明したのは、不平を言いたいという深い欲求を満たすためなのよ。

——リリー・トムリン（米国の女優・コメディアン）

誰もが自分が不満を口にしているのに気づいていない

どんな技《わざ》でも、マスターするには四つの段階を通ります。不平不満から解き放たれるにも、この四段階を通ります。残念ながら一つ飛ばすというわけにはいきません。飛ばしてしまうと変化が定着しないのです。一つの段階を通るのに、ほかの段階よりも時間がかかるということもあります。この体験は人さまざまです。ある段階は楽々クリアしたのに、次で引っかかって長いこと先に進めないということもあります。でも、やめさえしなければ、いずれはマスターすることができます。

＊＊＊

ブレスレットのチャレンジに取り組んだたくさんの人と同じように、私もすぐに、自分がたくさんの不平不満を口にしていたとわかりました。仕事の愚痴をこれほどこぼしていたとは知りませんでした。ほかにも、体の痛み、政府のやり方、世界の諸問題、天気など、いろいろです。自分が口にしていた言葉が、こんなにネガティブなエネルギーをもっていたと知ってショックでした。自分はもっとポジティブな人間だと思っていたのです。

マーティー・ポインター（ミズーリ州カンザスシティ）

＊　＊　＊

四つの段階

1　自分が不平を口にしているのに気づかない段階
2　自分が不平を口にしているのに気づく段階
3　意識すれば不平を口にしないですむ段階
4　無意識に不平を口にしない段階

英国の詩人トーマス・グレイは「イートン・カレッジ遠望の賦」という詩の中で、「知らぬが幸いなるとき」という表現を使っています。不平不満からの解放をめざすには、この「無知ゆえの幸せ」の段階を出て、それに続く大揺れの時期を経なければなりません。そして最後に本当の充足に到達します。多くの人は、前記「1　自分が不平を口にしているのに気づかない段階」にいます。自分の毎日が、どれほどネガティブな言葉で満ちているか、認識できていないのです。

みなさんは、これからの人生をより豊かなものにすることができます。希望に満ちた地平が開かれています。ただ、次の段階をめざして、スタートすればいいのです。

多くの人が、身体のどこかに痛みを探しては「痛い、痛い」と愚痴をこぼします。「痛い」と言えば、ますます痛みが感じられます。不平不満は言えば言うほど、増えるものです。いわゆる「引き寄せの法則」です。でも、四つの段階を経て不平不満から解放されたあとは、もはや痛みを求めることはありません。春の花々が開くように、あなたの人生は美しく開きはじめることでしょう。

一番多く寄せられる質問は、「もう二度と、絶対に文句を言っちゃいけないの？」というものです。私はこう答えることにしています。「もちろん、文句を言ってもかまいませんよ」。その理由は次の二つです。

① 私には、誰かに何かをしろとかするなとか言う権利はありません。私が誰かを変えようとすれば、その人に関して私が好まない部分に注目しているわけで、それはその人に対する不平不満を言っているのと同じことです。だから私はあなたに命令はしません。あなたはもちろん、自分の心に従って何をするのも自由です。

② 時に、文句を言うことが理にかなうことがあるからです。

②の理由を読んで、よし抜け道を見つけたぞと思う前に、「時に」という言葉がついていることに注意してください。すでに私を含め多くの人たちが、二十一日間不平不満を言わずに過ごしました。まったくのゼロです。不平不満に関して、「時に」は限りなくわずかなのです。不平不満はごくまれ、悪口やゴシップに関してはゼロでなくてはなりません。よく考えれば、不平不満や愚痴を表明すべき正当な機会は非常に少ないはずです。私たちが普通口にする不平不満は、心身の

健全さと幸福感を低める「耳からの公害」でしかありません。

自分の日常をチェックしてみてください。不平不満を言ったり愚痴をこぼすとき、重大な理由がありますか？　どのくらいの頻度で言いますか？　最後に不平不満を言ってから一か月以上たちますか？　一か月に一度以上言うようなら、それは習慣的な不平不満であって、あなたのためになりません。痛みを求めて「痛い！」と言っているわけです。

幸せな人間つまり、自分の思考をコントロールでき、人生をデザインできるような人であるためには、不平不満や愚痴をめったなことでは言わないようになる必要があります。とりあえず、私の数年前の経験を聞いてください。

傷つける者は傷ついている

そのころ住んでいた家は、道路の急な曲がり角に面していました。カーブを曲がる車はスピードを落として入ってきます。その数百メートル先で住宅街が終わって郡の幹線道路が始まるので、最高速度は時速四〇キロから九〇キロに変わります。ちょうどうちの辺りで、減速した車が加速しはじめるのです。もしこのカーブがなければ、うちなどはとても危なくてしかたなかったでしょう。

私はそのとき、机に向かって講義の準備をしていました。暖かな春の午後で、開けた窓から入る風が、レースのカーテンを揺らしていました。突然、ドスンという物音に続く悲鳴が耳に飛び込んできました。人の悲鳴ではなく、動物の声です。動物にも声に個性があります。私はすぐにうちのゴールデンレトリバー、ジンジャーの声とわかりました。ジンジャーが悲鳴を上げることはめったにありません。車にはねられたのです。窓から数メートルの道ばたで、痛みのあまりに絶叫しています。私は大声を上げて居間を走りぬけ、外へ飛び出しました。後から妻のゲイルと当時六歳の娘のリアが続きました。

ひどいケガであることは、一目でわかりました。前足で立とうとしますが、後ろ足がいうことを聞きません。何度も何度も、痛みに耐えかねて悲鳴を上げます。近所の人たちも騒ぎを聞きつけて集まってきました。リアはジンジャーの名前を呼びつづけ、ぽろぽろと流れる涙がTシャツをぬらします。

私は首を回して、ジンジャーをはねた車を探しました。丘のほうを見上げると、幹線道路に入る辺りに、トレーラーを引いたトラックが坂道を加速していくのが見えました。ドライバーに対する怒りで、はらわたが煮えくり返るようでした。

「犬をひいたことはわかったはずだ。それを、知らん顔をして行きやがって！」

私は、苦痛にうめく犬も、呆然《ぼうぜん》とする妻も、泣きじゃくる娘もほったらかして、車に飛び乗りました。小石を蹴《け》散《ち》らしながら道路に走り出し、トラックの後を追ったのです。スピードはぐんぐん上がり、時速一三〇キロメートルに達していました。舗装の悪い道であまりにもスピードを出したので、車は地上を離れて宙に舞い上がってしまいそうです。その瞬間、もし私が事故を起こしたら、妻と娘をどれほど不幸にしてしまうかということが、ふっと頭に浮かびました。トラックとの距離が多少縮まったこともあり、私は運転が制御できるほどに、かろうじて減速しました。

トラックの男は、自宅の敷地に乗り入れたとき、私が後を追っていたことさえ気がついていなかったようです。車から降りた男は、ほころびたTシャツに油染みたジーンズをはいています。私はタイヤをきしませて車を止め、降りながら叫びました。「俺の犬をひいただろう！」。男は振り返って、戸惑った顔で私を見ました。男の次の言葉は、私を耳まで赤くなるほど激高させました。「ああ、ひいたのは知ってたよ。だからどうだっていうんだ」。私は「何、何だと！」とわきました。男は、使いの子どもにでも言い聞かせるように、ニヤニヤしながらわざとゆっくり言います。

「犬をひいたのは知っている、と言ったのさ。だったら、どうするっていうんだい」

怒りのあまり目がくらみそうでした。バックミラーに映った娘の泣きじゃくる姿が頭から離れません。「構えろ！」と私は大声を出しました。「何？」と男が不審そうに言いました。「構えろと言ったんだ。殴り殺されたいか！」

何分か前、ハイウェイを怒りにまかせて飛ばしていたとき、理性は私を事故死から救ってくれました。しかし今、この男の冷酷傲慢《ごうまん》な態度は、私の理性を吹き飛ばしてしまいました。殴り合いなど大人になってからしたことがありません。

暴力はよくないと信じていますし、そもそも殴り合いなど自分にできるのかもわかりません。でもこのときは、この男を叩《たた》きのめすことしか考えませんでした。その結果留置場につながれたとしてもかまうものかと思っていたのです。

「殴り合いはしねえ」と男は言いました。「あんたが俺を殴ったら、一方的な襲撃になりますよ、ダンナ」。私は唖然《あぜん》として立ちすくみました。振り上げた腕の先で、こぶしは石のように硬くなっています。「来い、かかってこい」と挑発しても、男は「いやだね」と言うばかり。ますますニヤニヤして「そういうことは性に合わねえんで」と、後ろを向いてゆっくりと立ち去りました。私はその場で手を震わせたまま、怒りが血管の中を駆けめぐるのを感じていました。

どうやって家まで帰ったのか、どうやってジンジャーを獣医のところに運んだか、何も覚えていません。覚えているのは、最後にジンジャーを抱きしめたときの匂《にお》いと、獣医が犬を苦痛から解放して永遠の眠りにつかせる注射を打ったときに、彼女が漏らしたクーンという声だけです。「どうしてあの男は、こんなひどいことができるのだろう」。私は何度もそう思いました。

それから毎日、眠りにつこうとすると、男の下卑《げび》た笑い顔が浮かんできて、私を悩ませます。「だったら、どうするっていうんだい」と言う男の声が耳から離れません。もし相手にやる気があったら、私は何をしたでしょう。愛犬の命を奪い、私たちを悲しませた極悪人を、スーパーヒーローのように徹底的に叩きのめす場面を、頭の中で繰り返し想像しました。

眠れない夜が続いた三日目、私は起き上がって日記を書きはじめました。悲しみと痛みと不満を一時間にわたって書きつづったあと、自分が書いた一行が私を驚かせました。「傷つける者は傷ついている」。まるで誰か別の人から言われたように、私は「何だって？」と声に出して言いました。もう一度「傷つける者は傷ついている」と書き、いすの背にもたれて、じっと考え込みました。窓の外から、アマガエルやコオロギの鳴き声が聞こえてきます。

「あの男に、そんなことが当てはまるものか」

それからしばらく考え、私はようやく理解しはじめました。人が大切にしているペットを傷つけて何とも思わないような人間は、動物との間にどれほどの愛情が育《はぐく》めるものかを知らないにちがいない。泣きじゃくる子どもを置いて立ち去るような人間は、子どもがどれほどの愛を与えてくれるものかを知らない。家族の気持ちをずたずたにしても謝ることさえできない男は、過去に自分の心を数え切れないほどずたずたにされてきたのだろう。この男は、実は犠牲者なのかもしれない。なるほど彼は悪人として行動した。しかし、彼自身の深い心の痛みの結果としての行動だったのかもしれない。

私は長いこと、じっとこのことを考えていました。怒りが込み上げてくるたび、この男が日々感じているであろう痛みに思いをはせました。やがて私は、明かりを消してベッドに戻りました。ようやく安らかな眠りが訪れました。

不平不満とは、悲しみや苦痛や満たされない思いを表現することなのです。

この経験を通して、私は「悲しみ」を感じました。ジンジャーがサウス・カロライナのわが家に来たのは五年ほど前のことです。それまでにも何匹かの犬がやってきましたが、もとからいるギブソンという犬が、追っ払ってしまうのです。でもなぜか、ジンジャーだけは違いました。何か特別なものがあったようで、ギブソンは彼女を受け入れました。彼女の態度から、以前に虐待されていたのではないかと私たちは考えました。とくに私を恐れる様子から、飼い主の男性からひどい目にあわされていたのでしょう。一年もたつと、彼女はしだいに私を信用するようになりました。それ以来私たちは、かけがえのない友達になったのです。

私はジンジャーの死を深く悲しみました。

「苦痛」も味わいました。心を引き裂かれるような痛みです。子どもを持つ親なら、子どもの苦痛を代わってやれるものならと思いますよね。妻と娘の悲しみを見ることは、私の苦痛を倍にしました。

「満たされない思い」も味わいました。あの男をなぜ叩きのめさなかったかという悔しさと、暴力を振るうことを考えた自分を恥じる気持ちの、両方に引き裂かれる思いでした。

悲しみ、苦痛、満たされない思い。

あの時期、自分がこれらのいずれの感情を表現しても、無理はなかっただろうと思います。あなたの人生においても、同じようなつらい経験をしたことはあるでしょう。幸い、そういう出来事はさほどひんぱんには起きません。同様に、不平不満を言うこともひんぱんであってはならないのです。

無知は幸せです。多くの人は、自分がどれほど不平不満を言い、自分の人生をどれほど傷つけているかを、知りません。実際には、天気、妻や夫、仕事、健康、友人、雇用、経済、ほかの車のドライバー、国など、何でも頭に浮かぶことすべてに関して、私たちは毎日何十回も不平を言います。

口から出た言葉は、自分の耳も聞いているのですが、なぜか自分が不平不満を言っていることには気がつきません。口臭と同じで、人の口から出たものだけがわかるのです。

二十一日間のチャレンジは、まずそれに気づくことから始まります。多くの人は、自分は正当な理由がある場合にだけ、不平を言うと思っています。しかし、自分が不平不満を正当化しようとしていると気づいたら、それほど重大なことかどうか、ちょっと考えてみてください。

二十一日間の達成をめざそう

二十一日間を達成した人たちは、「やさしくはなかったけれど、がんばったかいがあった」と言います。価値のあるものは何でも、そう簡単には手に入りません。しり込みさせるつもりではありませんよ。激励しようと思って言うのです。難しいということは、できないということとは違います。あなたに問題があるわけでもありません。M・H・アルダーソンは、「最初うまくいかないということは、あなたが平均的な人だということだ」と言っています。不平不満を言う人は、まず正しい最初の段階にいるということです。自分の状況を認識し、それらを日々の暮らしから消していけばいいのです。

私も毎日何十回も不平不満を言っていましたが、そんな私にもできました。カギは、あきらめないことです。私の教会にはすばらしい女性がいて、彼女はまだ今でも、最初の紫のブレスレットを身につけています。もうぼろぼろになって色も黒ずんでいます。彼女はこう言いました。「これをつけたままお墓に入ることになるかもしれません。それでもあきらめませんよ」。これほどの決意が必要なこともあります。ただ、二十一日間完走しなくても、その前から自分の意識が変わってきて、前よりも幸せでいられるようになります。今日受け取ったメールをご紹介しましょう。

こんにちは
みなさんと同じように、私も自分の意識のあり方が変わりはじめているようです。ブレスレットが届くまで待ちきれなかったので、私は普通のゴム輪を腕にはめてスタートしました。自分の言葉が意識できるようになり、一週間くらいたったら、不平不満を言う回数がめっきり減りました。うれしいのは、前よりはるかに幸せな気分になれたことです。まわりの人たちが（とくに夫が）喜んでいます。私は、ガミガミ言ってばかりいる自分を何とかしたいとずっと思っていたのです。このブレスレットが、行動を変えるきっかけを与えてくれました。

このキャンペーンは、多くの人の話題にあがるようになり、大きな波紋となっているようです。自分があまりに不平を言いすぎるので、何とかしたいと思う人たちが、けっこうたくさんいるんですね。この運動は、実際にブレスレットを手にした人たちの数よりも、実際には広まっていると思います。本当にすごいことですね。

ジーン・レイリー（メリーランド州ロックヴィル）

人々の尊敬を集めるラジオコメンテーター、ポール・ハーヴェイはかつてこう言いました。「いつか、世間が成功と呼ぶに値することを成し遂げたいと思う。**そのとき誰かが、どうやって成功したのかと聞いたなら、転んだ数より一つ多く立ち上がったのだと答えるだろう**」。達成する価値のあることがすべてそうであるように、成功するためには失敗はつきものです。この不平不満からの解放をめざす場合も、始めたばかりのときは誰でも、ブレスレットを動かしてばかりでくたびれるし、うんざりすると思います。私などは達成するまでに、三つのブレスレットが切れてしまいました。もしあなたのブレスレットが壊れてしまったら、www.AComplaintFreeWorld.org. で新しいのを注文してください。

しかしやめずに続けていると、何日もあるいは何か月もたったある日、ふとベッドでウトウトしながら、朝から一度もブレスレットをはめ換えていないということに気がつくのです。「きっと不平不満を言ったけど、自分で気がつかなかったのだろう」と思うかもしれません。でもよく考えたら、たしかに達成したのだということがわかります。一日ずつ、一歩ずつです。必ずできるようになります。

この変化が始まった人は幸運です。私はけっして簡単ではないと警告しましたが、あなたはすでに心理的に優位に立っています。これを、「ダニング・クルーガー効果」といいます。人は新しいことを始めようとすると、スキーでも、ジャグリングでも、フルートの演奏でも、乗馬でも、座禅でも、執筆でも、絵を描《か》くことでも、最初は簡単にマスターできると考える傾向があります。ダニング・クルーガーというのは、ジャスティン・クルーガーとデイヴィッド・ダニングという、コーネル大学の二人の学者の名前から取った言葉です。彼らは、新しいスキルを学ぼうとする人々を研究しました。研究結果は一九九九年十二月、「Journal of Personality and Social Psychology」に発表されました。これによると、「無知はしばしば知識よりも自信を与える」のだそうです。つまり、自分がしようとしていることが難しいということに気がつかないから、やってみようと思うわけです。「まあ、そう難しくはなさそうだ」と言って始める。でも、実際には初めが一番難しいわけです。

ダニング・クルーガー効果がなかったら、やろうとしていることがどれほど難しく、膨大な努力を必要とするかがわかりますから、たぶんあきらめてしまうでしょう。妻のゲイルはうまいことを言います。「乗馬がうまくなる一番の秘訣《ひけつ》は」と聞かれて、彼女はいつも「鞍《くら》の上にいること」と答えるのです。

鞍の上にいる。紫のブレスレットをはめて、それを、不平不満を言うたびにはめ換える。はめ換えるのが困難なときも、恥ずかしいときも、いら立たしいときもはめ換える。せっかく十日間続いたあとでも、はめ換える。何度でも何度でもやり直す。まわりの人たちがみんなやめてしまってもやめない。まわりの人がみんな完走しているのに、自分は二日続けるのが精いっぱいというときも、やめない。鞍の上にいる。

発する言葉がすべてを引き寄せる

古いたとえ話です。土木作業員が二人、一緒にランチを食べようとしています。一人が弁当箱を開いて文句を言いました。「ミートローフサンドイッチだ。俺こいつが嫌いなんだよ」。もう一人は何も言いません。翌日二人はまた一緒にランチを食べました。最初の一人が弁当箱を開いて、昨日よりもっとムッとした調子で、「また、ミートローフサンドイッチ！　もういい加減にうんざりだ」。この日も同僚は何も言いません。三日目、また同じことが起こります。「もうミートローフサンドイッチはたくさんだ。たまには違うものが食べたい！」。同僚は気毒に思い「何か違うものを作ってくれって、カミさんに頼んだらどうだい」と言いました。すると最初の男は当惑したような顔で、「何のことだい。俺は自分でランチを作るんだぜ」と言ったのです。

ミートローフサンドイッチにはうんざりですか？　自分のランチを毎日作っているのはあなたです。言うことを変えましょう。不平不満を言うのをやめましょう。言葉を変え、考え方を変えれば、人生もまた変わります。キリストが「求めよ。さらば与えられん」と言われたのは、宇宙の法則です。求めれば見つけることができます。不平不満を言っている人は、心がもっている強力なパワーを、自分の欲していないものを探すことに使って、それを自分に引き寄せているのです。そうしておいてそれに対して不平を言う。さらにそれを引き寄せる。「不平不満の輪」つまり、不満を自己達成する予言にからめとられてしまいます。不平不満、実現、不平不満、実現、不平不満、実現と、どこまでも続いていきます。

カミュの『異邦人』の中に「星がちりばめられた暗い空を見上げ、私は初めて、宇宙の善なる無関心に心を開いた」という箇所があります。宇宙は善なる無関心です。宇宙、神、霊気、どんな表現を使ってもいいのですが、それらは善であり、同時に無関心なのです。あなたが言葉によって表された思考のエネルギーを使って、自分自身に愛、健康、幸せ、豊かさ、平和を呼び寄せようが、苦痛、苦悩、悲惨、孤独、貧困を呼び寄せようが、宇宙は気にもかけません。言葉によって思考を表し、思考によってこの世界をつくり出しているのは私たちです。口にする言葉を制御することができれば、欲することを引き寄せることができます。

第一章

不平不満をやめれば健康になる

われわれの文化の中の、たくさんの自己達成予言（そうなるだろうと信じたことが現実に起こること）のうちもっとも有害なものはおそらく、年を取ることが衰退と病弱をもたらすという思い込みだろう。

——マリリン・ファーガソン（米国の心理学者）『アクエリアン革命』（邦訳、実業之日本社刊）より

不満を言っても問題は解決しない

私たちが不平不満を言うのは、ほかのさまざまなことをする理由と同じで、それによって得るものがあると考えているからです。私自身、不平不満のもたらすメリットを発見した夜のことを、今もよく覚えています。私は十三歳で、ソックホップにいました。

何それ？　と首を傾《かし》げる若い読者のために説明すると、ソックホップはダンスパーティーで、よく高校の体育館などで開かれていました。なぜソック（靴下）ホップというかというと、体育館の床を保護するために、靴を脱いで踊るように学校から言われるからです。一九五〇年代にはやったダンスパーティーですが、一九七三年、ジョージ・ルーカスの映画『アメリカン・グラフィティ』がヒットしてから、リバイバルしました。一九七三年、私が所属していた教会も、ティーンエイジャー向けにソックホップを開催したのです。十三歳もいちおうティーンですから、私も出かけていきました。

＊　＊　＊

昨日仕事を早退して家に帰りました。背中の痛みがとりわけひどかったのです（頸椎《けいつい》と脊髄《せきずい》の固定具をつけています）。ただ家で横になって、惨めな気分に浸ろうと思っていました。私は四十七歳にしてすでに身体のあちこちに故障があり、精神的にも落ち込んでいました。ところが、ソファに座ってテレビをつけたら、牧師さんがオプラの番組に出ていたので、びっくりしました。

私は身体の痛みのことで愚痴をこぼさない日はありません。鎮痛剤を山ほど飲んでいます。でも牧師さんのおっしゃるとおり、愚痴を言うとますます落ち込みがひどくなります。私もこのチャレンジに参加したいです。自分と友人用にいくつか、ブレスレットを注文しました。後で、多少の寄付をさせていただくつもりですが、今はまずお礼を言いたくて手紙を書きました。

私は、とにもかくにも歩けます。よい友人と家族に恵まれています。いい仕事もあります。エネルギーを、病弱な自分を哀れむことに使うのではなく、感謝すべきことに目を向けなければならないとわかりました。それに気づかせてくださって、本当にありがとうございました。

シンディ・ラフォーレット（オハイオ州ケンブリッジ）

＊　＊　＊

十三歳というのは、男の子にとって特別な年ごろです。それまでつまらない存在でしかなかった女の子たちが、初めてそうではなくなる。あなたも男性ならおわかりでしょうが、女の子に強くひきつけられる半面、ひどく恐れます。寝ても覚めても、女の子のことが頭から離れない。それまで夢中だったスケートボードもプラモデルの船も映画も漫画も、すっかり頭の隅に追いやられてしまいます。何かの魔法をかけられたかのようです。女の子とつきあいたい。でもどうすればいいのかわからない。必死に車を追いかけて追いついたものの、どうしていいかわからない哀れな犬のようなものです。

ソックホップ当日は、蒸し暑い夜でした。女の子たちはプードルスカートに、サドルシューズを履いていました。髪は逆毛を立てて膨らまし、真っ赤な口紅を塗っています。男の子たちは、ペグレッグジーンズをくるぶしのところで折り返し、白いTシャツの袖《そで》にタバコの箱を（両親から借りてくる）折り込んで、コインが入ったペニーシューズを履き、頭は後ろになでつける髪型というのが、お決まりのスタイルでした。『アメリカン・グラフィティ』のサウンドトラックが繰り返し流され、女の子たちは部屋の一方の端に集まってくすくす笑っています。男の子たちはもう一方の隅に固まって、金属製の折りたたみいすに座り、何とか「かっこよく」見せたいものだと思っていました。本当は女の子たちのところに行きたいのです。体内のDNAが寄ってたかって早く行けとせかしているみたいです。かっこよく見えさえすれば、女の子のほうから近寄ってきてくれるかもしれないし、そうでない場合はせめて、女の子なんか来てもこなくてもかまわないという感じに見せたいと思っていました。

私の当時の親友はチップといって、背が高く、成績もよく、スポーツマンでした。私も背はそう低くありませんが、チップと違ってぽっちゃり太っていました。服を買うときは、デパートの地下の、「肥満体男児用」というコーナーで母と一緒に買い物をした記憶しかありません。

何人かの女の子たちがチップを見つめているのが、私にもわかりました。自分よりも友達のほうが魅力的であると知らされるのは、つらいものです。チップが女の子のところになかなか行こうとしないのも、イライラします。

「恥ずかしいんだもの」とチップが言いました。「何て言っていいかわからないよ」。私は、「ともかくあっちに行けばいいんだよ。女の子たちがしゃべるさ」と答えました。「ここに一晩中座っているつもりかよ」「君こそ、ずっと座っているじゃないか。君は口が達者なんだから、あっちに行って何かしゃべれよ」

麻薬依存症患者は、自分が最初に麻薬を試したときのことをよく思い出すそうです。その瞬間の選択がその後の人生を奪い、命さえも脅かすのです。私は次の一言で、その後三十年間も続く不平不満依存症の第一歩を踏み出しました。私はチップを見て「僕が行って話しかけたって、一緒に踊ってくれないよ。僕はデブなんだもの。まだ十三歳なのにもう九〇キロ以上あるんだ。話してても息切れするし、歩くと汗かくし。ダンスなんかしたら倒れちゃう。君はいいなあ、かっこよくて。女の子たちも君を見てたよ」。ほかの友達も、そうそうというようにうなずいています。

「僕なんかデブだもん。女の子にもてっこない……たぶん一生ダメだよ……」

そのとき、別の仲よしが近づいてきて、私の背中を叩き「やあ、デブ」と声をかけました。ふだんなら、こういう挨拶《あいさつ》はとくに何の意味もありません。ほとんどの友達が私のことを「デブ」と呼んでいて、ニックネームのようなものでしたから、私は慣れっこになっていました。彼らは友達で、私が太っているかどうかなど、どうでもいいことだったからです。でも、自分が太っていることが女の子とのつきあいにどれほどの障害かということを口にした直後にそう言われると、その衝撃は格別でした。そこにいた友達の一人が、「おい、黙れ!」そんな言い方はよせ」と言い、別の友達が「太ってるのは、こいつのせいじゃないよ」と言ってくれました。誰もが私を、気遣いながら見つめました。

「もっとやれ!」と私の心が命じました。私は大げさにため息をついて、遠くを見つめ、哀れな少年を演じました。愚痴をこぼしたことによって友達の同情を引くことができ、女の子のところに行って話しかけなくてはいけないというプレッシャーから逃れることができました。麻薬はたちどころに効き、私はそれにはまりました。愚痴をこぼすという行為が、私をハイにしたのです。

何年か後、なかなか仕事が見つからなかったときも、自分にも周囲にも、太っているからだと言い訳をしました。スピード違反でつかまったときでさえ、太っているせいにしました。この体重とそれを利用した言い訳をそぎ落とすのに、五年半かかりました。体重が健康を害していることがわかったからです。

体もあなたの不満を聞いている

心理学者のロビン・コワルスキーは、**「不平不満の多くは、他者からの、人間関係における特定の反応、たとえば同情や是認などを引き出そうとする思惑を含んでいる。たとえば人は、体の不調について愚痴をこぼす。本当に具合が悪いからではなく、むしろ病人の役割（sick role）が他者からの同情や、いやなことを回避するという二次的な利益を生じるからである」**と書いています。

愚痴をこぼし、「デブ」という切り札を使うことで、私は周囲から同情と是認を得ていました。女の子たちに話しかけなくても、もっともな理由があるとされました。愚痴が有利に働いたのです。あなたにも、同じような経験がありませんか。子どものとき、インフルエンザのような症状が出たことがありました。私は症状を大げさに言って、学校を休み、家でテレビを見ていました。不思議なことに、症状を大げさに言うと、前よりも気分が悪くなるのでした。

今まで「病人の役割」を演じたことがありますか？　あるいは今も演じていませんか？　不平不満の中で一番多いのは、体調に関するものです。体調に関する愚痴をこぼして、同情やまわりの人の関心を引き、いやなこと、たとえばもっと健康的なライフスタイルを取り入れることなどを避けようとするのです。たしかにそういうメリットが得られるかもしれません。しかし、その代償は何でしょう。「心身症」という言葉はお聞きになったことがありますね。これは、身体的な原因よりむしろ精神的なプロセスによって引き起こされる病気です。世間には、心身症をノイローゼの一種のように考える傾向があります。患者が自分で勝手につくり出すものだから、本物の病気ではないというのです。しかし多くの医者は、患者の約三分の二が、精神的な原因から本当の病気になったと考えています。

たしかに、psychosomatic（心身症）という言葉は、psyche（精神）とsoma（体）からできていますね。体と精神の間には深いつながりがあります。心が信じることを、体が表すのです。何十という研究結果が、自分の健康について信じることが、実際にそのとおりに体に現れることを示しています。ナショナル・パブリック・ラジオで聞いた話によると、医者が患者に、この薬は非常によく効き、治癒の期待がもてると言って薬を与えると、そういうことを言わずに同じ薬を与えた患者の場合より、はるかに治療効果が上がるというのです。同じ番組で、別の調査結果も紹介していました。アルツハイマー患者で、ほかの病気たとえば高血圧などをもっている患者に、高血圧の薬を与えてもあまり効果が得られないのだそうです。それは、自分が薬を飲んでいるという認識がないからです。まさしく精神は、肉体に大きな影響をもっているようです。
二、三か月前、私は昔から知っている一人の女性信者を見舞いに病院に行きました。病室に入る前に、私はナースステーションに立ち寄って、医者や看護師に彼女の病状を尋ねました。

「ああ、大丈夫ですよ」と看護師が言いました。医者も、「脳卒中を起こしたのですが、今はすっかり回復しました」と言います。しかし、病室に行ってみると、彼女はどう見ても「大丈夫」という様子ではありません。「やあ、ジェーン。牧師のウィルだよ」と声をかけると、彼女はかすかな声で「来てくださってありがとう。私、もう長いことないんです」と言います。

「え、何だって！」と聞き直すと「私、死ぬんです」と言います。そのとき、看護師が体温を測るために入ってきたので、私は彼女をわきに呼んで、「大丈夫って言ったじゃないですか！　ジェーンは死ぬと言っていますよ」と小声で詰め寄りました。看護師は、まったく、というように目をぐるっと回し、ジェーンの枕《まくら》元《もと》に近づいて言いました。「ジェーンさん、あなたは死んだりしませんよ。ちゃんと治ります。もう少ししたらリハビリセンターに移ってもらいますからね。猫の待っているおうちに帰れますよ。わかった？」。ジェーンは微笑《ほほえ》んで「わかったわ」と言います。

看護師が部屋を出ていくと、ジェーンはまた私に向かって、自分の葬儀の話を始めます。「だって、君は死んだりしないよ」と私は反論しましたが「わかった。メモを取っておくよ。ずっと後になって君が死ぬときのためにね。そのときには君の言うとおりにしよう」と言いました。病院を出る前に、ふたたび医者と話をしましたが、彼は「もちろん誰だっていつかは死にます。しかし、今回の脳卒中では、ジェーンの命に別状はありませんよ」と言ったのです。

二週間後、私はジェーンの葬儀を執り行いました。医者も看護師も彼女に、治ると信じさせることができませんでした。彼女は自分が死ぬと確信し、彼女の肉体はそれを信じたのです。

健康について愚痴をこぼすとき、あなたが口にするネガティブなコメントを、あなたの体も聞いています。それは脳に書き込まれ、精神が体の中のエネルギーに指令を与え、ますますよくない状況が生じます。体調について愚痴をこぼす人は、愚痴のタネがますます増えていくと気づいたことはありませんか?

「でも、私は本当に病気なんです」と言う人もいるでしょう。もちろん、あなたの病気を疑うつもりはありません。でも、さっき言ったように、病気について愚痴をこぼしても、病気を軽くしたり、早く治す効果はありません。

体調について愚痴をこぼす人は、人の同情や関心を得たいという心の動きが、どのくらい含まれているだろうと考えてみましょう。そんなことは知りたくないかもしれませんが、考えてみる価値はあります。愚痴をこぼしているとき、自分はガソリンをかけて火を消そうとしているのだというふうに考えてください。誰しも健康になりたいと思っています。でも、愚痴をこぼしているときには、健康に害をなすエネルギーの波が、体中を駆けめぐっているのです。

不満を言わないと寿命が延びる

一九九九年、私が三十九歳のとき、よき友人だったハルという男が、肺がんの第四期と診断されました。彼に残された時間は六か月と、医者たちは推定しました。ハルは健康保険のセールスマンだったのに、こともあろうに自分自身は加入していなかったのです。医療費はかさんで、家族は光熱費や食費のやりくりにも困るほどでした。彼の命がいくばくもないということを知って、私はハルを訪ねましたが、彼の陽気な態度に驚かされました。彼は病気の愚痴をこぼすこともなく、自分の人生がいかにすばらしかったか、自分がどれほど恵まれていたかを語るのです。

残された日々も、ハルはユーモアのセンスを失いませんでした。ある日、私は散歩をしようと彼を誘いました。でも彼はとても弱っていて、表の庭へ出るのが精いっぱいでした。私たちは彼の家の前に立って新鮮な空気を吸い、少し話をしました。そのときハルは、大きなコンドルが数羽、上空をゆっくり旋回しているのに気づき「おお、何たる不吉な予兆！」と言いました。そして実に呪《のろ》わしげな表情をして見せるので、私たちは一緒に噴き出しました。

笑いが収まったとき、私は「君はこんな大変なときも、愚痴一つこぼさないね」と言いました。ハルは杖《つえ》にもたれて「十五日じゃないからさ」と言うと、わかっただろうというように、ゆっくりと家に戻りはじめました。「十五日？　何のことだい？」。私がさらに尋ねると、彼はこう言ったのです。

「診断を聞いたとき、これは厳しいことになるなと思った。神様や医学を呪ったり、まわりに八つ当たりして過ごすこともできるけど、人生のいいことだけを考えて生きることもできる。それで俺は、一か月のうち一日だけ、不幸せになって不平不満を言う日をつくったんだ。それを十五日とした。耐えがたいことが起こって、愚痴をこぼしたくなっても、その日まで待とうってね」「そのやり方は、うまくいくかい?」「ああ、すごくいいよ」「しかし、毎月十五日には、ずいぶん落ち込むだろう」「いや、その日がくるころには、何を愚痴ろうと思っていたのか、忘れちゃうんだ」

彼の家は、うちから二時間以上かかるところにありましたが、私は二週間に一度、彼の人生が幕を閉じるまで見舞いました。人は私のことを、それほどの時間を彼のために割くとは何といい友達だろうと、言ってくれたものです。でも本当は、私が彼から得たことのほうが大きかったように思います。人はあれほどの苦悩のさなかにあっても、幸せを見いだすことができるのだということを教えてもらったのです。彼は医者の予想した六か月を超え、二年間、まわりの人に幸せを分け与えながら生きました。私は今も彼を恋しく思います。でも、彼によって私の人生に刻みつけられたものは、けっして消えません。彼が、予想された寿命を四倍も長く生き抜いたことこそ、不平不満の代わりに感謝の心をもって生きることが、どれほど生命力を生むかという証拠です。

ここまで読んでくださったみなさんは、不平不満がどういうものか、わかってくださったでしょう。今あなたは、自分が不平不満を口にしたとき、気がつくようになっているはずです。二番目の、「自分が不平を口にしていることに気づく段階」に入ったのです。

Part II

自分が不平を口にしていることに気づく段階

第二章

不平不満を言わないと人間関係がよくなる

自分の障害について腹を立てるのは、時間の無駄だ。誰でもそれぞれの人生と折り合って生きなければならず、私もまずまずにやってきた。しょっちゅう怒ったり不平を言ったりしている人間など、誰も相手にしない。

——スティーブン・ホーキング（英国の物理学者）

不平不満は伝染する

す。

「自分が不平を口にしていることに気づく段階」に入ると、不快な気分になりま

不平不満を言うことによって、関心や同情を得たり、努力を避けて通れたりというメリットも、あることはあります。しかしそれは危険な綱渡りです。しょっちゅう不平不満を言う人は、それを聞くエネルギーが無駄だと悟った人々から、遠ざけられてしまう可能性があります。

あなたのまわりに、うんざりしたように去っていった人はいないでしょうか。**不平不満ばかり言う人は、まわりの人のエネルギーを同情に変えて、それを吸い取ってしまいます。**逆に、悲惨な状況にあっても元気で、「犠牲者」の役割を演じずにいられる人もいます。たとえ死に直面していても、ハルは私のエネルギーを吸い取りはしませんでした。それどころか、彼の前向きな快活さによって、こちらの気分が高揚するようにさえ感じました。

＊＊＊

私がこのプログラムのことを知ったのは、「ザ・トゥデイ・ショー」という番組からです。同僚たちに、一緒にやってみないかと声をかけたところ、多くの人が賛成してくれたので、ブレスレットを注文しました。それを待っている間に私たちは話し合い、週のうちの一日、不平不満を言わない日をつくろうということになりました。そして月曜日を「No Moan Mondays」（愚痴を言わない月曜日）としたのです。

会社のあちこちの掲示板にポスターを貼って、月曜日には愚痴や不平不満を言わないようにしようと呼びかけました。これは職場に大きな波紋を呼び起こし、月曜日の朝には「ノー・モーン・マンデーにようこそ！」などという挨拶《あいさつ》が飛び交うくらいでした。

人生なんて短いものです。私たちはともすれば、今より何かもっといいことが起きないかと（もっと金がたまる、いい仕事が見つかる、やせてきれいになるなどと）考えてしまいますが、それよりも、今与えられている幸せにもっと目を向けて日々を暮らしていくべきなのではないでしょうか。私はこのブログラムは本当にすばらしいと思います。感謝しています。

サリー・シュディア（オハイオ州ケンタッキー）

＊　＊　＊

誰もが、ほとんど愚痴をこぼさないレベルと、ひっきりなしに愚痴をこぼすというレベルの間の、どこかに位置します。属するグループの標準からあまりにかけ離れたレベルにいる人は、やがて歓迎されなくなります。

みんなが大酒を飲んだり、タバコを吸ったり、麻薬を使ったりする場では、同調しない人はプレッシャーを感じますし、そういう行為にふけっている人は、健全な人が交じると、自分の不健全さがわかって不快になります。不平不満に関しても、自分より多く言う人や少なく言う人と一緒にいると、居心地が悪いものです。波長が合わない人たちは互いを避けます。

あなたは、自分が不平不満の巣の中にいると思いますか？　まわりの人はみな愚痴をこぼす人ばかりですか。それなら、率直に言わせていただくと、あなたも同類かもしれませんね。私の元には、こういう手紙が数多く届けられます。「どうか、すぐに紫のブレスレットをいくつか送ってください。私のまわりの人はしじゅう不平不満ばかり言います」。こういう手紙が届いたとき、私たちはニヤッとします。それは、この注文してきた人が、おそらくしょっちゅう不平不満を言う人で、自分がそうであることに気がついていないのだとわかるからです。こういう人ほど、ブレスレットをつけてから、大きな変化を遂げるのです。

『かもめのジョナサン』の著者リチャード・バックは、著書『イリュージョン』（邦訳、集英社刊）の中で、「似たもの同士が引き合う」と言っています。似たもの同士、つまり不平不満ばかり言う人間同士、感謝の気持ちをもつもの同士が引き合います。私たちはみなエネルギーを発散していて、それが同じ波長でないと、同調しないのです。

考えもまたエネルギーです。自分の思考パターンと調和するものはひきつけ、しないものは遠ざけます。あなたの発する言葉はあなたの考え方を表現し、強調し、保存します。だから、不平不満を言うと、実際に自分が望むことは離れてい

ってしまうのです。自分が欲しいと思っていることを、あなたの愚痴が追いやってしまいます。

私の知っている女性たちは、「互いの力になるために」という名目で、毎週集まって話し合いをしています。この「力になる」というのは、実は男に対する不満を言い合うことです。私が理解するところでは、彼女たちのお気に入りのテーマは、「男は身勝手だ」「男は責任をとりたがらない」「男なんて信用できない」といったものです。当然のことながら、この中の誰一人として、男性と幸せで健全な関係を保つことができた人はいません。彼女たちが本当に望んでいるのは、男性との幸せな関係なのでしょう。しかし彼女たちは不平不満を言いながら、「男はダメだ」という負のエネルギー波を発しているのです。彼女たちの望む「いい男」が人生に現れることはないでしょう。

数年前、ゲイルと私は、娘と同い年の男の子のいる夫婦と知り合いました。大人たちは共通の話題も多く、子どもたちも仲よしになり、私たちは一緒に過ごすことが多くなりました。しかし数か月たつうちに、妻も私も彼らに会うのが億劫《おっくう》になってきました。ある夜ゲイルが言いました。「あのご夫婦はとてもいい人たちだけど、奥さんは私と二人のときに、ご主人の悪口ばかり言うの」。実は男二人でいるときには、彼は奥さんの悪口ばかり言っているのです。

さらに彼らは私たち夫婦にも、互いの気に入らないところを言わせようとします。互いのあら探しを仕向けるのです。不幸な人間は、似たような境遇の人間を欲しがり、確実な不幸を何とかして引き出そうとします。私たちはこの家族と過ごす時間を、何かと理由を設けては避けるようになり、最終的につながりは切れてしまいました。

ゲイルと私にも、どんな夫婦や恋人の間にもあるような、乗り越えるべき課題があります。でも私たちは、自分たち夫婦の問題を、人に話すのではなく、互いに話し合うことによって解決しています。傷ついた感情を、それをもたらした当の相手ではなくほかの人に話すことは、トライアンギュレーション（三項関係）をつくることになります。健全なコミュニケーションとは、その問題の当事者と率直に話し合うということです。ほかの人に話せば、それは不平不満や悪口とな

ります。三項関係にしてしまうと、問題は解決されずに続きます。

こういう経験がありませんか。子どもの一人が、兄弟の誰かに対して腹を立てたとします。その子は腹を立てた相手のところに行く代わりに、あなたのところに来ます。熱心な親であるあなたは、その子にどうすべきかアドバイスしたり、相手の子どもに文句を言ってやったりします。短期的に見れば、問題は一応解決するかもしれません。でも、それでは子どもたちに、この先試練に出合ったときに必要な、問題を自分で解決する力を与えることができません。不平不満を言ってきた子どもを、犠牲者の立場に甘んじさせ、これからは何でも親のところに泣きつけばいいというパターンをつくってしまいます。子どもたちには、彼ら自身で話し合い、問題を解決するように仕向けなければなりません。そうすることによって、健全なコミュニケーションという贈り物を与えることになります。

最近、マイクという牧師がジェリーという牧師に、第三の牧師ジムの教会運営について批判しているのを聞きました。マイクの熱弁を黙って聞いていたジェリーは、いきなり自分の電話のスピーカーボタンを押し、中傷されていたジムに電話をかけました。そして「ジム。ジェリーだ。マイクが君と君の教会について感じていることを話したいそうだ。私は三項関係の一つになるのはごめんだ。君はきっと、マイクの意見を歓迎してくれると思う。さあ、マイク、ジムに話したまえ」。マイクはショックで顔を真っ赤にして、黙ってしまいました。彼は瞬時に、誰かの批判をその人の背後でするのは不道徳なことだという、ジェリーのメッセージを受け取ったわけです。ジェリーは健全な一線を引いて、マイクのゴシップに加担するつもりがないことを明瞭《めいりょう》に伝えたのです。

私が、ゴシップと不平不満を一くくりにするのは、そういう理由からです。人の噂《うわさ》は絶対にしてはいけないのかって？　そんなことはありません。ただし――。

人の噂をしてもよいとき

① そこにいない人を話題にしていても、それがほめ言葉である。

② その人に関して言った言葉を、一言一句、その人の前でも繰り返すことができる。

この二つのシンプルなルールに当てはまるなら、好きなだけ噂をしてください。ただし、「あのセンスの悪いドレス、彼女すごく似合ってるねえ」なんていう、ほめているようで実はけなしているというのはダメです。それは悪口にほかなりません。南部の慣用句を使わせてもらうと、「肥やしの上にクリームを塗りたくったって、ケーキにはなりません」。相手に面と向かって言ったとき、相手が心地よく感じるものでなければ、それはゴシップや悪口です。昔のお母さんはよくこう言いましたね。「親切な言葉が言えないなら、口を閉じていなさい」。まさにそのとおり。負のエネルギーをわざわざ世の中に排出する必要はないのです。

ゴシップ好きにとっては、その場にいない人をほめたってちっとも楽しくないかもしれません。今の時代のゴシップは、たいていはつまらない「ニットピッキング（あら探し）」です。ニットピッキングという言葉がどこから来たか、ご存じですか？　ニットというのはシラミの卵です。人の髪の毛をかき分けてシラミの卵を探すような言動を、ニットピッキングというのです。シラミは、人から人へうつります。人のシラミばかり探していると、気がついたら自分にシラミがわいているかもしれません。

ゴシップや不平不満を口にする理由の一つに、話題になっている人に比べて、自分をよく見せたいという気持ちがあります。「少なくとも私はあれほどひどくない」と言いたいのです。誰かの欠点をあげつらう人は、自分はそんな欠点はもっていないし、もっと立派な人間だというわけです。

つまり、不平不満を言うことは自慢にも通じます。自慢する人は、けっして人から好感をもたれません。

相手の気になる欠点は自分の欠点

それから、もう一つドキッとさせられる事実があります。自分の欠点に、人はなかなか気づかないものだということです。まわりに愚痴のこぼし屋がいっぱいいるから、とブレスレットを注文してくる人は、しょっちゅう不平不満を言っている人です。あなたが気になってしかたない性癖というのは、往々にしてあなた自身がもっているものなのです。ただ、自分のその性癖について、「していることがわかっていない」だけにすぎません。**ほかの人の欠点が目につくということは、あなた自身がもっているその性癖を気づかせ、直させようとする、天の配剤です。ほかの人の欠点を指摘したいと思ったときは、それはもしかして自分の欠点でもあるのではと考えてみましょう。**そして、反省する機会を与えられたのだと感謝しましょう。

同じ理由で、あなたが他者に対して称賛の気持ちをもつ事柄は、あなたがもっているものでもあります。**自分がもっているからこそ、人がもっているその特質に気がつくわけです。だから、何に気がつくかは、あなたがどういう人かによります。自分のよい部分は、今のところ表面に現れていないかもしれません。でも、あなたが他者の中のいい部分に注目すれば、自分の中のそういう部分を発見することにもなります。それに注目して、育て、表面に引き出してやればいいのです。**

人は、思考や言葉を通じて自分という人間をつくっているだけではなく、まわりの人にも影響を与えています。次にコンサートに行ったら、演奏後の拍手の様子を観察してみてください。拍手が長くなればなるほど、聴衆の手を叩《たた》くリズムがシンクロしてきます。これは「同調」と呼ばれる現象です。人間は調和に向かって行動する傾向があります。調和が得られないと、その行動は消えていってしまいます。拍手がシンクロすると、それは長いこと続きますが、そうでなければすぐに終わります。

私はこの実験を、大勢の聴衆を前に数回やったことがあります。理由は言わず、ただ私がやめてくださいと言うまで、ずっと拍手をしてくださいと頼むのです。時にわずか数秒で拍手がシンクロすることもあります。たいていは一、二分かかりますが、必ずシンクロします。バラバラの拍手がビートをもち、リズムが生まれます。大勢の人々が、まるで人間メトロノームのようにリズムを刻みはじめます。つまり同調が起きるのです。

私の母は、四人姉妹の一人ですが、こんなことを話してくれたことがあります。四人が、毎月ほぼ同時に生理が始まるというのです。四人が大変仲がいいために、身体的にも同調したと考えられます。そのうち、一番年上の姉（私の伯母《おば》）が大学に進学して家を離れると、彼女の生理のサイクルはすぐに変化して、ルームメイトのそれと同調し、夏休みに家に戻ってくると、また姉妹のサイクルに同調しました。人間には、他者に同調してパターンをつくるという傾向があるようです。

同調は、人間のもつ自然の法則です。いいとか悪いとかいう問題ではなく、ただ単にそうなのです。重力と同じように、その力は常に働いています。人は誰でも、まわりの人とシンクロしようとしています。あなたが同調するだけでなく、まわりの人もあなたに同調しています。不平不満ばかり言う人のまわりにいると、あなたはふだんの自分よりも多く不平不満を言うはずです。

自分が変わっていく間に、これまでの人間関係を一部、切り捨てていかなければならないこともあります。私が二十一日間のチャンレンジをめざしたとき、ほとんどのときはうまくいくのに、ある一人の古い友人と話しているときにはどうしても愚痴をこぼしてしまうということに気がつきました。たった十五分彼と電話でしゃべっていた間に、私は四回もブレスレットをはめ換えました。スコットがあんなにネガティブじゃなければ、つられて愚痴をこぼしたりしないんだけど、と私は思いました。次に彼と話をしたときには、できるだけ会話を前向きなものにしようとがんばったのですが、どうもうまくいきません。話がさっぱり弾まないのです。これまでの二人の会話は、不平不満を言うことによって成り立っていたということがわかりました。相手の不平よりもっと強く不平を言わなくちゃという、競争意識も働いていたようです。

ブレスレットのチャレンジを全うするために、私は彼からの電話に出ないことにしました。「スコットが不平不満を言うから悪いんだ」と私は思っていました。自分のほうがエライような気分だったのです。しかしよく考えてみると、スコットのほかの友人は、彼との間にそんな問題はありません。ほかの人と一緒にいるときのスコットは、もっと元気で、楽観的で、前向きなのです。

そうか！　私自身なんだ、と私は痛みを感じながらも、認めざるをえませんでした。私のもっているネガティブな性癖が、スコットとの人間関係を不平不満の温床にしていたのです。スコットと離れていた間、私は彼に責任を負わせるのではなく、自分の不平不満を一掃するようにひたすら努力しました。

現実を見ることにしましょう。**あなたとふだん一緒にいる人たちは、ひんぱん**

に不平不満を言いますか？　もしそうなら、あなたもまた、健全なレベル以上に、悲しいこと、苦痛、不満などを習慣的に話していませんか。いえ、いいのです。それが普通なのですから。これからもっとよい状態になっていきます。一緒に、そのゴールをめざしましょう。

あなたは人を変えられない

「どうしたら上司（友人、恋人、妻や夫、子どもたち、部下など）に、不平不満をやめさせることができるでしょうか？」ということをよく聞かれます。それに対する私の答えは「それはできません」です。あなたは人を変えることはできません。人が変わるのは、その人が変わりたいと思うからです。人を変えようとすると、ますますその人を今の行動にしがみつかせることになります。私の出身である南部のことわざをもう一つ引用させてください。

「豚に歌を歌わせようと思うな。時間の無駄だし、豚が迷惑する」

迷惑がっている豚が、歌のレッスンをすすんで受けることはありません。ほかの人を変える方法については、ベンジャミン・フランクリンがこんなことを言っています。「最高の説教は、よい手本を示すことだ」。また、ガンジーはこう言っています。「人が学びたいと思うような生き方をせねばならない」。**人を変えたいのなら、まず自分が変わらなければならないのです。**あなたが人を変えたいと思うのは、たぶんきわめて真摯《しんし》な気持ちからでしょう。それでも、その人たちと関係がある以上、あなたがその人たちの不平不満に加担しているというのも事実です。上司、両親、牧師、コーチ、家族のリーダーなどが、目下の人の態度を変えたいとブレスレットを要求してくる場合、私は小さなメモを一緒に入れて送ってしまいたくなります。「警告！　あなた自身も一緒にやらなければうまくいきませんよ」。私は自分がまずやってみて、二十一日間不平不満を言わずに過ごすことが可能であることを証明してみせなかったら、このブレスレットも、まさに秘書のマルシアの言う「日曜日のつまらないプレゼント」で終わっただろうと思います。誰かを変えたいと思うのなら、リーダー格の人は自分がまずその先頭に立って進まなければなりません。

ロシアのことわざにこんなものがあります。**「世の中全体をきれいにしたいと思ったら、まず自分の家の戸口を掃くことから始めよ」**。私たちの求める変化は、けっしてどこか外にあるのではなく、自分自身の中にあるのです。私たち一人ひとりのすることは、まわりの世界に影響します。私たちはみんなまわりから影響を受けて生きているからです。

人が集まって話をしているとき、話題の進み方に注目するとおもしろいことがわかります。たとえば、ある人が一冊の本の話をして、ほかの人もそれを読んでいた場合、しばらくその本の話になります。次に、その本がキャンプの本なら、それぞれが楽しい経験をしたキャンプの話をしはじめます。会話はトピックからトピックに、一九八〇年代にはやったフロッガーというかえるのビデオゲームみたいにジグザグしながら進んでいきます。

アルコール依存症と薬物依存症から立ち直った人が書いた論文に、「この病気は進行性だった」とありますが、不平不満も同じです。何人かが集まって話をしているとき、一人が愚痴をこぼしたとします。すると、自分はもっとだというふうに、ほかの人が引き取って自分の話を始めます。「いや、そんなもんじゃないよ。俺の場合はもっと大変なんだから」とまた、別の人が話を引き取ります。始まりはちょっとしたきっかけなのです。誰かが会話をちょっと、不平不満のほうに引っ張りさえすればいい。あっという間に、不満のコンテストのようになり、誰もが自分が一番の犠牲者のように言いはじめます。

愚痴の競争に巻き込まれない

こういうコミュニケーションの一側面を風刺したよい例が、英国のコメディ番組「空飛ぶモンティ・パイソン」で放映された、「四人のヨークシャー人」という有名なコントです。ヨークシャーから来た四人の紳士が座って、高いワインを楽しんでいます。彼らの会話はポジティブに始まるのですが、少しずつネガティブになり、そのうち愚痴の競争が始まり、メチャメチャになっていきます。

最初は一人の紳士の、何年か前にはコーヒー一杯の金にもこと欠いていたという話から始まります。二人目は、それより印象を強めようと、自分は冷めたお茶を飲めればマシだったと言います。

愚痴のこぼしあいはバカバカしくエスカレートし、誰もが自分の人生が一番惨めだったと思わせようとするのです。一人が、自分がいかにひどい家で育てられたかを説明すると、次の男があきれたというように目をむいて、こう言います。

「家だって？　そんなものがあればまだいい。うちの家族は二十六人が一部屋に住んでたんだ。家具なんかありゃしない。床板は半分なく、みんな隅っこに固まって落っこちないように抱き合ってたのさ」

「部屋があったらいいほうさ！　俺たちなどは廊下で暮らしていたんだ！」

「ああ、廊下で暮らせたらどんなによかっただろう！　私たちはゴミ捨て場の古い水タンクの中で暮らしていたんだ。毎朝、腐った魚が頭の上から降ってきて目が覚めるんだ」

「いや、さっき家といったのは、本当は地面の穴のことなんだ。穴を防水シートで覆っただけの家だったのさ」

「俺たちは穴に住んでいたのに追い払われて、湖の中に住まなくちゃならなかった。君がうらやましいよ」

「湖に住めるならまだいい。俺たち家族は百五十人、道端の靴箱の中にみんな住んでいたんだよ……」

そして最後に一人がこう言って、後の三人を絶句させます。

「私は毎朝、夜の十時に起きなくちゃならなかった。ベッドに入る三十分前だ。硫酸を飲んで仕事に行き、二十九時間工場で働き、仕事をする許可をもらうには工場の持ち主に金を払わなくちゃならない。家に帰ると両親に殺され、墓の上で夜な夜なハレルヤを歌いながら踊ったもんだ」

愚痴で人に勝ったらうれしいでしょうか。もしそうなら、誰かが、あなたこそ世界一惨めな人間だと宣言してくれるまで、どうぞお続けください。この勝利には賞品がつきます。昼のメロドラマのように不幸だらけの人間関係、健康不安、金銭的不安、そのほか山積みの問題という賞品です。そういうことを望まないなら、くれぐれも愚痴のこぼしあいに巻き込まれないようにしましょう。
人は言葉によってあなたを同調させます。あなたも同様にまわりの人を同調させます。ほかの人と一緒にいるとき、会話がネガティブな方向に行きはじめたら、黙っていすの背にもたれて観察しましょう。人の話を変える努力などはしません。なぜ会話に加わらないのかと聞かれたら、紫のブレスレットを見せ、自分は不平不満から解放された人間をめざしているのだと言いましょう。

第四章

すべてはあなたの中にある

敵を見つけた。われわれ自身だった。

——ポゴ

愚痴ばかり言っていた修道士

若い男が、沈黙の戒律がある修道会に入門しました。口をきくことができるのは、修道院長が許可したときだけです。「二言だけ話してよろしい」という許可が下りたのは、五年もたってからのことでした。修道士は考えたあげく、「ベッド、堅い」と言いました。修道院長は心から同情し、「ベッドが快適でなかったとは気の毒だった。ほかのベッドに替えるように考えよう」。

さらに五年目、ふたたび二言だけ話してよいという許可が下りました。修道士は「食事、冷たい」と言いました。「そうか。何とかしよう」と修道院長は言いました。

それから五年目、修道院長がまた「二言だけ話してよろしい」と言ったとき、修道士の言葉は「私、やめます」でした。「それが一番よいでしょう」と修道院長は言いました。

「あなたはここに来て、不平不満しか口にしなかったのですから」

＊　＊　＊

最近、旅行したときのことです。悪天候のために行き先の空港が使用できず、多くのフライトがキャンセルされたり遅れたりしました。私はフライトをほかの便に変更したあと、ゲートのそばに座って、カウンターの気の毒な航空会社職員を眺めていました。たくさんの乗客が、この悪天候もフライトのキャンセルも、これによって生じる不都合も、何もかもこの職員のせいであるかのように、彼女を責めます。誰もが、どれほど自分が困るかを彼女に言いつのるのです。彼女の精神状態は、もう限界に近づいていました。

ふと私はあることを思いつきました。私は生来、何か思い立ったらじっとしていられない人間です。立ち上がって、苦情を言う人たちの列に加わりました。自分の番が来るのを我慢強く待ち、やっとカウンターの前に立ったとき、彼女は、ストレスのために額にしわを寄せ、疲れ切った顔で私を見上げて「お待たせいたしました」と言いました。目には涙がにじんでいます。

私は彼女に、「適当に忙しそうなふりをしていてください。あなたに一息つかせようと思って列に並んだんです」と言いました。彼女が何やら忙しそうにタイプをしている間、私はこんなことを話しました。「この人たちは自分のうっぷんを晴らそうとしているだけだ。今ここで起きている出来事など、ほんの瑣末《さまつ》にすぎない。こんなことで心をすり減らしてはいけませんよ」。こうして、私たちは少しの間言葉を交わしました。

彼女がいくらか気力を取り戻したように見えたので、私は「次の乗客に応対しなくちゃね。じゃ元気を出して」と言いました。私を見上げた彼女の目にはまたうっすらと涙が光りました。「ありがとうございました。なんてお礼を言っていいか」

私はにっこりして、「それより、あなたがいつか困っている人を見たら、親切にしてあげてください」と言いました。ハリー・タッカー（ニューヨーク）

＊　＊　＊

この若い修道士と同じように、あなたも自分がひんぱんに不平不満を言っているとは思っていないでしょう。でも、実はそうなんだということがわかりはじめていると思います。

片方の腕や足に長く体重をかけていると、しびれてしまいますね。体重を移動させてしびれた箇所に血が通いはじめると、ピリピリした感触が起きます。時にこのピリピリは不快で、痛みと感じることもあります。あなたが自分の不平不満に気づいたときも、これと同じ感じです。ショックを受けることもあります。それはそれでいいのです。淡々とブレスレットをはめ換えて続けましょう。やめてはいけません。

私たちが気にしているのは、口から出る不平不満だけだということも、忘れないでください。二十一日間のチャレンジの目的は、言葉で表現された不平不満を追放するということです。心の中で何を考えようが、それは自由です。ノーカウントです。口にする不平不満が減れば、心の中で生まれる不平不満は自然に減っていきます。このことについては、後でまたふれますが、今はともかく、口から出る不平不満だけに注目してください。

この「自分が不平を口にしていることに気づく段階」は、多くの人がチャレンジをあきらめて、元の習慣に戻っていってしまう時期でもあります。ウェーブがそこで止まれば、さざ波が遠くへ届かなくなります。

私が子どものころ肥満児だったということは、お話ししましたね。ところが高校三年のとき、五〇キロの減量に成功しました。友達は、どんなダイエットをすればそんな劇的な効果があるのかと尋ねました。私は「やめないダイエット」と答えました。それまで何十種類ものダイエットで挫折《ざせつ》したあと、最後のダイエットはやめずに続けたのです。結果は目覚ましいものでした。あなたも、不平不満をしょっちゅう言っていることに気がついて、驚いたり恥じ入ったりしたなら、どうぞそのままチャレンジを続けてください。うっかりしくじったら、また再スタートします。それだけです。何度でも再スタートし、ブレスレットをはめ換えます。ウィンストン・チャーチルはこんなことを言っています。

「成功とは、失敗と失敗の間にも情熱をもちつづけていることだ」

続けさえすればできるようになる

私はジャグラーです。「私はたくさんの仕事や活動をこなすやり手なんだ」などと自慢するつもりなのではなく、文字どおりのジャグラーです。ジャグリング（お手玉）が趣味なのです。きっかけはある本との出合いです。そこにお手玉のやり方が書いてあって、ピーカンナッツの殻が入った三つの四角い布袋がついていました。この形と中身は、落としたときに転がらないように考えられています。お手玉というものは、落とすということが大前提だからです。

私は娘の学校の行事や教会のイベントで、ジャグリングを披露します。しかし、タレントショーなどに呼ばれても必ず断ります。ジャグリングはタレント（才能）などではなく、技術にしかすぎません。才能は発掘し育てなければなりませんが、技術は時間をかけさえすれば、誰でも習得できるものです。私はたくさんの人にジャグリングを教えましたが、いつもまず転がらないお手玉を渡し、落とすことから始めます。戸惑いながらも相手は言われたとおりにします。「じゃ、それを拾ってください」と私は言い、相手はそうします。「また落として」「拾って」「落として」「拾って」と何度もやると、相手はすっかりくたびれてきます。ここで私は聞きます。「本当にジャグリングが習いたい？」。それでも「習いたい」という人には、落として拾うことに慣れなければならないと言います。上手になるまでに何千回もそれをやるはめになるからです。どんなにくたびれても、腹が立っても、拾って続けなければなりません。

　ジャグリングの新たな技を練習するたびに、また落として拾うの繰り返しです。こん棒のジャグリングを練習していたとき、こん棒の一本がはね返り、鎖骨にいやというほどぶつかったことがあります。ひどいみみず腫《ば》れになりました。私はクロゼットの中にこん棒を投げ込んで、二度と触ろうとしませんでした。しかし一年ほどたってから、また引っ張り出して、練習を再開しました。今はこん棒だけでなく、ナイフでも、火のついたトーチでも扱えます。落としたボールやこん棒やナイフやトーチを、何度でも拾う覚悟があれば、ジャグリングはマスターできます。**不平不満を言わない人になるのも同じです。ただブレスレットをはめ換**

えて、何度も何度もやり直せばいいのです。

不平不満と単なる事実の区別

あなたはこう思うかもしれませんね。「何が不平不満で、何が単なる事実を述べているか、どう見分けるのだろう」と。ロビン・コワルスキー博士によると、「ある特定の発言が不平不満であるかどうかは、話し手が心の中に満たされない感情をもっているかどうかによる」。口から出た言葉は同じでも、あなたがどういう意味づけをしているか、どんなエネルギーが込められているかによって違ってきます。「自分が不平を口にしていることに気づく段階」は、自分が口にしたことの意味がわかるだけでなく、背後にどんなエネルギーが含まれているかがわかる段階です。

私は、二十一日間のチャレンジを始めて二か月が過ぎたころ、数知れぬ再スタートの後、あともう一日で達成！　というところまで来ていました。家族と夕食をとりながら、その日にあったことをしゃべっていて、あっ、と息をのみました。

「今のは、不平かなあ」と私は妻に聞きました。ゲイルはにっこりして「人に聞くようなら、たぶんそうなんじゃない?」。私はブレスレットをはめ換えました。やれやれ、これでまた一日目から再出発です。自分で判断がつかないようなら、まだ未熟だということです。生活を変えようという試みなのですから、急いではなりません。ゴールに入ることではなく過程が大事なのですから。

人や状況について、今と違う状態を欲しているなら、それは単なる事実の説明ではなく不平不満でしょう。私はこれを書いている今、カリフォルニア州サンホセの電車の駅にいます。列車の出発予定時刻は午前九時ちょうどでした。ところが今は十時半で、予定は十二時に変更されたというアナウンスがあったばかりです。なんと三時間の遅れ。今私が書いたことを読んで、私が不平を言っていると聞こえるかもしれません。でも、私にはこの状況における自分のエネルギーがわかります。ホームのカフェに座って、春の朝の光景を楽しみながら、シナモンスパイスの効いたお茶を飲み、自分が情熱を傾けるこの本の原稿を書いています。満ち足りた気持ちです。感謝さえしています。列車が遅れたのはかえってよかったのです。ゆったりした環境で、好きな仕事ができたのですから。

しかし、もし私が待つことができない状況だったらどうだったでしょう。大声で切符売り場の職員に食ってかかったり、周囲の誰彼かまわず不満をぶつけるでしょうか。それで列車の出発を早められるのであれば、まあそれも役に立つかもしれませんが、もちろん、そんなことはありません。にもかかわらず、この手のふるまいをする人をたびたび見かけます。列車は出発が可能な状況になればやってきます。それが、出発するのに一番いい時間なのです。

最近、ラジオのモーニングショーのインタビューを受けました。一人のアナウンサーがこう言いました。「しかし、私は不平不満を言うのが商売なんです。それで高収入を得ているのですから」「ああ、なるほど」と私は言いました。「ところで、幸福度を一から一〇の目盛りで表すと、あなたはどの辺に位置しますか？」。一瞬考えて、彼は「その目盛り、マイナスの数もありますか？」と言いました。

不平不満を言うことで、経済的に得るものがあるのかもしれません。しかし、それで幸せになるということはないようです。

不平不満を言うのは、それによって心理的・社会的利益が得られるからだということを、前にお話ししましたね。社会学者や心理学者は、理由はもう一つあって、自分をほかから差別するための手段だ、というのです。たとえば、あるレストランの料理が十分にすばらしくても、その料理にケチをつけ、不満を言う人がいます。その人は、自分の味覚がいかに肥えているかを周囲の人に知らせたいのです。自分は料理に関しては絶対の価値判断ができる、多くの高級な食事体験によって洗練された味覚が培われているのだと言いたいわけです。不平不満とは、自尊心を満たそうとする行為でもあります。

犠牲者は勝利者にはなれない

自信に満ちて不安のない人は、エラそうなことを言うでしょうか。健全な自尊心をきちんともっている人、自分の長所を喜び、弱点を受け入れている人、ありのままの自分でいられる人、他人の前で自分を取りつくろう必要がない人、こういう人は自慢をしません。自分自身に対して良好な感情をもっていれば、他人からそう言ってもらう必要がないのです。彼らは不平不満も言いません。それによって何かを得る必要を感じないからです『なまけ者のさとり方』（邦訳、地湧社刊）の中で、著者のタデウス・ゴラスは次のようなことを言っています。

「自分を愛するとは、エゴを大きく膨らませることではない。エゴイズムというのは、自分をひどく嫌っているのに、自分は価値ある人間だということを証明しようとするものだ。自分を愛するようになれば、エゴは解消される。もはや自分が他者よりもすぐれていると証明する必要がないからだ」

心が不安定な人間、自分の価値や重要性に確信がもてない人間は、自慢をしたり不平不満を言います。自分がどんなに立派なことを成し遂げたかを語り、聞いている人たちの表情に、自分を認めてくれる様子が表れることを期待するわけです。また自分のつらい状況について不平不満を言って、同情を買おうとします。また、思いどおりに達成できなかったときの言い訳としても、不平不満を言います。**本当は、自分が思うような価値ある人間ではないと感じているために、不平不満が出るのです。その結果、本当に自分が欲する状態を遠ざけてしまいます。**

あなたが望む状態はそれが何であれ、あなたはそれに値します。言い訳などしなくていい。ただ夢に向かって進めばいいのです。もしあなたが、「男なんて、どうせ責任をとろうとしないわ」「どうせ家族もみんなデブだから」「自分はもともと不器用だから」「おまえは何にもなれないだろうと、進路指導の先生に言われたから」「子どものとき、父親に愛されなかったから」といったせりふを言いつづけているとしたら、自分を犠牲者につくり上げていることになります。犠牲者は勝利者にはなれません。あなたはどちらになりたいですか。

不平不満は、「エプスタインの母からの手紙」のようなものです。「Wellcome Back Kotter?（おかえりなさいコッター?・）」というテレビのコメディ番組のジュアン・エプスタインを覚えていますか？　彼はしょっちゅう母親の手紙を学校に持ってきて、いろいろなことをサボります。たとえば、「エプスタインはゆうべ、一晩中がんの治療法の研究をしていたので、本日のテストは受けられません。エプスタインの母」といったぐあい。もちろん彼が自分で手紙を書いて、テストをサボろうとしているのです。リスクを避けたり、何かをしないですませるために、私たちはよく不平不満を利用します。不平不満は一見正当な行為に見えますが、エプスタインの母の手紙のように、実際はそれを言っている当人によって書かれているのです。

誤解のないように言いますが、非常に難しい、時に悲惨なまでのいろいろな試練が、みなさんの人生に降りかかることがあるということを、私はよく理解しています。あなたはそのつらい状況について一晩中語りつづけることも、自分の正当性を言い立てることも、それを言い訳にして自分の行動に制限を設けることもできます。しかし、この試練をパチンコに見立ててみませんか。

試練の多い人生だからこそ成功する

子どものときに遊んだパチンコというものがありますね。パチンコの玉が飛ぶ距離は、何によって決まるでしょう。ゴムをどれくらい後ろに引っ張るかですね。成功した人物の自伝などを読むと、彼らは試練の多い人生にもかかわらず成功したのではなく、試練の多い人生だからこそ成功したということがわかります。与えられた境遇を受け入れ、それをバネにして成長したのです。彼らは、自分の不利な条件について人に語らず、試練の中に天の恵みを見いだそうと努力し、それを見つけた人たちです。彼らのパチンコのゴムは思い切り後ろに引っ張られていたため、玉はより高く飛び出すことができたわけです。

パチンコの玉にしてみれば、それは解放です。人生における試練やつらい経験に、いつまでもしがみついていないで、手を離しましょう。

最初の妻リーズが私の元を去ったとき、彼女はその理由を、私が精神的に不安定で自信がないために、一緒にいることに疲れてしまったと言いました。私は彼女に、承認と肯定を常に求めていたようです。今の自分には、それがよくわかります。自分の自信のなさを補うために、大きな声を出したり、不平を言ったり、他人を批判したりしました。エラそうなことを言ったり、人を批判することによって、自分をよく見せようともしていました。私は自分の痛みを他者にぶつけていたのでしょう。人を傷つけるものは自分が傷ついているのです。

私は、リーズが言った「不安定」という言葉を真剣に考えました。その後何年も、安定した人間にならなくてはと思い、自分のあらゆる部分を変えようとしました。そして最後に、安定した人間になるためには、何かを変えようとするのではなく、ありのままの自分を受け入れることなんだと、ようやくわかったのです。**安定とは、何かをそのままに受け入れて、それで満足するということです。**

自分を責めたり、言い訳をしたり、まわりの人や状況について文句を言ったりする代わりに、つらい不安に満ちた時期を受け入れ、それを乗り越える自分を支えてやらなくてはなりません。自分がほとほといやになったり、悲しく心が弱って、自分に価値がないように思えたとき（そういうことがしょっちゅうありました）、私は自分にこう言い聞かせました。

「いいんだ。このまま、感じたとおりに感じていればいい。こう感じている自分はこれでいい」

まるで奇跡のようでした。自分の不安定さを受け入れられるようになると、自虐的な気持ちになることも少なくなり、なっても長引かなくなりました。人を非難してもいい結果が得られないのと同じように、自分を非難してもいい方向には変わりません。まだ心が自分に批判的になることがありますが、私は日記にそれを吐き出すようにしています。そして、逆らうことなく、怒りの声が書きつけた内容をほめるのです。「よくもまあ、これほどボロクソに言ってくれたもんだ。もちろん俺をいい方向に変えたい一心だってわかっているさ。いつでも言ってくれてかまわないからね」。防衛的にならずにいると、批判的な考えはいつか薄れて消えてしまいます。

誰でも、心の中に小悪魔が住んでいます。こいつが、自分を責める内なる声です。私はこの小悪魔と仲よくしようと思い、シルヴェスターと名づけました。シルヴェスターという名前は、バックスバニーのアニメに出てくるタスマニアンデビルからの連想です。彼は歯をむいてうなり、めまぐるしく動き回り、頭の中に大混乱を起こします。彼のしんらつな言葉を鎮めようとすると、ますます大声でどぎつい非難を繰り返します。しかし、今は彼を励まし、ほめるようにしています。「まったく、欠点を見つけることにかけては天才的だね。本当にありがたいことだ」。こういう対応をすると、シルヴェスターは当惑して、言葉に詰まってしまいます。

私はリーズに感謝しています。彼女が私の元を去ったことがはずみになって、心の旅を始められたからです。私は自分の魂の奥深くを見つめ、多くを学びました。そしてそれを、このように読者のみなさんにお話しすることができるのです。

自分を特別な人間にしようとして不平不満を言う必要はありません。あなたはすでに、特別な人間だからです。「特別」という言葉は、「ユニーク、ほかと違うこと、特定の機能をもつこと」と定義されます。この世にあなたと完全に同じ人間はこれまでも存在しなかったし、これからもしません。誰一人あなたと同じ目、指紋、耳の形、声をもつ人間はいないのです。あなたは、あなたのＤＮＡと同じように特別です。科学者によると、地球上にまったく同じ匂《にお》いをもつ人間もいないのだそうです。あなたは特別な人で、あなたにしかできないすばらしいものをこの世にもたらすために存在しています。自分で不完全と思っていることも含め、あなたは完全な存在です。

シルヴェスターと親しくなるにつれ、私は、かつて嫌っていた自分のいろいろな面を好きになってきました。欠点ではあっても、自分を自分たらしめる特質、奇癖、風変わりさも、受け入れるようになりました。完璧《かんぺき》な人間に変われると考えるのは、愚かなこと。自分のどこが悪いかを考えはじめれば、誰でもいくらでも悪いところが見つかります。

　キリスト教会ユニティの主任牧師を引き受けてまもなく、ある一人の女性が、この教会に関する不満をリストにして持ってきました。私は新しい会衆にいい印象を与えたかったので、彼女が指摘した点を改善するように努力しました。「ありがとうございます。これですっかり満足です」と言われると思ったのは大間違いで、彼女は、不満を書き連ねた次のリストを持ってきたのです。自分自身のことでも、仕事、家族、健康、経済問題、教会などのことでも、**不満を一つ言うと、気に入らない点を次々芋《いも》づる式に思いつくものです。いいことを考えれば、いいことをたくさん思いつきます。自分や人や周囲の状況をもっと評価すれば、今よりももっと楽しいことを呼び寄せられます。**

　本が紹介されると必ずベストセラーになるといわれるアメリカのテレビ番組

「オプラ・ウィンフリー・ショー」に初めて出演したとき、オプラが私に尋ねました。

「どうして人は、天候に関して文句を言うのかしら。言ったって、天気は変わらないのに」

本当に天気は変わらないのでしょうか。変なことを言うと思われそうですが、これを聞いてください。私は数年来、神と約束をしたので、大事な日はいつもいい天気なんだと吹聴《ふいちょう》しています。去年の夏、私たちは大規模な教会のピクニックを計画しましたが、リーダーの一人が私に、雨が降ったらどうするのかと尋ねたときも、「雨は降らないよ。神様と約束したんだから」と答えました。「ああ、なるほどね」と彼は冗談で受けましたが、「それでも雨が降ったらどうする?」と聞きます。「雨は降らないと言ったじゃないか。心配すれば降るよ。だから、これ以上話をするのはよそう」。ただの偶然じゃないかと思うのは勝手ですが、当日は雨は降らず、私の確信はその後も続いています。私は、天気に関しては文句を言いません。

神はよい言葉に宿る

私たちに天気をコントロールする能力があるかどうかはさておき、どうして文句を言うかという質問ですが、それはおそらく安全だからでしょう。お天気に文句をつけるのは安全な行為です。こういう会話は低レベルのエネルギーしか必要としないし、誰かの脅威になることもありません。高尚な表現もいりません。

さて、不平不満を言うもう一つの理由についてお話しします。宗教と低い自尊心が結びついた、古代からある心理です。私たちは、ものごとがあまりうまくいきすぎると、神が私たちに何か不幸をもたらすのではないかという不安をもっているようです。パール・バックの名作『大地』に登場する主役の王龍（ワン・ルン）は、中国人の農夫です。彼の最大の望みは息子を得ること。昔の中国では、息子は非常に価値があるとされ、娘たちは、成長してほかの男に嫁にやるまで、食べさせ着させせなければならない奴隷《どれい》のようなものと考えられていました。息子たちは富をもたらすが、娘たちは家の負担だったのです。

幸い、ワン・ルンの妻は男の子を出産しました。生まれた息子を抱いて通りを歩くとき、神様に息子を見られないように布で覆って隠しました。「これはただの奴隷の子で、息子じゃありません」と神様に言います。こんな宝物はこの夫婦にはふさわしくないと、神に取り上げられないかと恐れたからです。

自信のなさ、不安心理、いいことはけっして続かないと教えられて育った記憶などから、あまりいいことが起こると、次は災いがくるのではと不安になるものです。これがあなたの信仰であれば、私はそれを尊重しますが、私にとっては、神は愛であるという信仰と、神があなたから幸福を奪うという信仰は、結びつきません。**神の報復を恐れる人は、いいことを口にすると、それが悪いことに変わってしまうのではないかと思うのでしょう。しかし、実際にはその反対なのです。不安を口にすれば、かえって悪いことを呼び込む結果になります。**

コンピュータ用語にＧＩＧＯという言葉があります。「Garbage In, Garbage Out」ということです。コンピュータ自身はニュートラルで人格がないのですから、入れたとおりのものが出てきます。あなたがゴミ（Garbage＝まずいコードやコマンド）を入れれば、ゴミ（まずい結果）が出てくるわけです。

私たちの人生も同じですが、方向は逆で「Garbage Out, Garbage In」です。悪口や不平不満を言えば、試練がたくさん振りかかってきます。でも何か言うときに、悪い言葉をぐっとのみ込むか、言葉を言い換えて、不平不満にならないようにすれば大丈夫です。今あなたはそれを習得しつつあります。次の段階は、「意識すれば不平を口にしないですむ段階」です。

Part III

意識すれば不平を口にしないですむ段階

第五章

不平不満よりも沈黙を選ぶ

「赤ん坊の手からアメを奪い取るようにやさしい」という表現を使う人は、赤ん坊の持っているアメを奪おうとしたことがない人だ。

――出典不明

あなたは沈黙に耐えられますか？

「意識すれば不平を口にしないですむ段階」は、とても過敏な状態です。自分が口にする言葉すべてを、意識するようになります。言葉が口から出る前に気をつけるので、ブレスレットをはめ換える回数もずっと減ります。発する言葉は、以前よりもずっとポジティブです。ブレスレットは、不平不満に気づくための道具というよりむしろ、言葉のフィルターのような役目をしています。

＊　＊　＊

ブレスレットをはめるようになってすぐ、自分たちの会話が、互いやまわりの人に対する皮肉や批判に満ち満ちているということに気づきました。ブレスレットをはめ換えるのがいやなので、不平不満を言わずにすむ方法がわかるまで、一、二日はお互いに口をききませんでした。

キム・マーティン（ミズーリ州カンザスシティ）

＊　＊　＊

チャレンジに参加したある家族は、「意識すれば不平を口にしないですむ段階」にあったとき、夕食のテーブルで、誰も口をきかないことがたびたびあったといいます。そういう沈黙が長く続くこともあります。これはこの段階の典型的な状態です。まさに、昔母親がよく言っていたように、「親切な言葉が言えないなら、黙ってなさい」というわけです。

紫のブレスレットの注文が大変増えて、注文製造に切り替えたとき、市販のブレスレットに刻まれていた「SPIRIT」（精神）の文字はやめようかと考えました。教会から始まったとはいえ、私たちはこれを宗教色なしの、人間成長を目的とした活動と考えていたからです。それに、この運動は、さまざまな信条をもつ人たちに取り上げられていたので、宗教にとらわれず、人々の人生をよりよいものにする手段として考えてほしかったのです。

「spirit」という言葉は、ラテン語の「spiritus」から来ていて、意味は「息」です。「意識すれば不平を口にしないですむ段階」のすばらしい点は、頭に浮かんだことを何でもかまわず口から吐き出すのではなく、まず一呼吸おけるようになったことです。不平不満は習慣ですから、ちょっと一息吸うことで、言葉をもう少し注意深く選ぶゆとりが生まれます。それを思い出させてくれる言葉として、私たちは「SPIRIT」の言葉をブレスレットに残すことにしました。

沈黙は、より高いレベルから言葉を発する機会を与えてくれます。高みに続くかけ橋であるともいえます。それでも、多くの人は沈黙を居心地悪いと感じるようです。

十代のころ、湖のそばにあったうちの小屋から、小島でキャンプをしようとカヌーで漕ぎ出したことがあります。長時間の孤独は、自分とじっくり対話をするいい機会だと思ったのです。すると父が、岸から大声で呼びかけました。「おおい、ウィル!」「はい、お父さん」「どこへ行くんだ」「島でキャンプするんです」「一人でか?」「ええ」。父は少し考えて「バッテリー式のテレビを持っていったらどうだ」「いいえ、いいです」。また少しして「じゃ、ラジオは?」「いいえ、いりません」。父が、変わったやつだというように肩をすくめて家に入っていったのを、今も覚えています。父は気のいい人間ですが、沈黙ということを理解しない人だったのでしょう。寝るときでさえ、足元の大型テレビを大音量でつけたまま寝る人でした。

あなたが祈りの習慣をもつ人なら、「意識すれば不平を口にしないですむ段階」は、祈りを深める絶好の機会になります。あなたは、ブレスレットをはめ換えることを避けたいと本気で思うようになっていますから、言葉を発する前に祈りの言葉をさっと挟むこともできます。口から出る言葉が破壊的なものではなく建設的なものであるように、神に導いてもらうのです。言うべき言葉が見つからなければ、沈黙していましょう。

昔ラジオ広告の仕事をしていたころ、一緒に働いていた同僚は、めったに口をきかない人でした。親しくなってから、どうしてそうなのかと尋ねたことがあります。彼はこう言いました。「このほうが、賢そうに見えるからね」。ひっきりなしにしゃべる人は、たしかにあまり賢そうには見えませんが、その人は単に、沈黙が支配する時間に耐えられないだけのことなのです。

ある人が自分にとって特別な人かどうかは、その人と一緒にいてどれだけの時

間黙っていられるかで判断できます。その人が一緒にいるだけで心が安らぎ、その時間が楽しいのです。意味もなくペチャクチャとしゃべっても、いい時間を過ごすことにはなりません。むしろその時間の価値をおとしめます。しゃべりつづける人は、何らかの不安をもっているのかもしれません。

黙っている居心地の悪さを逃れるために、つい愚痴を乱発したりしてはいけません。沈黙は、ものごとをじっくり考え言葉を選ぶ時間を与えて、建設的なエネルギーをもつ言葉を使うことができるようにしてくれます。

この段階に関しては、ペンタゴン（米国国防総省）の空軍中佐が送ってくれたメールに、よく述べられています。

私たちの近況を簡単にお知らせします。私は十二個のブレスレットを同僚に配りました。今のところ、一人の若い女性（ふだんから物静かな落ち着いた人です）が成功しつつあります（たぶんすでに二桁《けた》の大台に乗ったと思います）。ほかの連中は、予想以上に苦戦しています。しかし、このチャレンジはたしかに何か重要な変化を起こしつつあります。不平不満を言うとそれに気づき、一瞬黙り、ブレスレットをはめ換えます。その後は前よりも建設的に話が続行するのです。私は今のところまだ、ブレスレットをはめ換えずに一日が過ぎていません。しかしこの方法は、オフィス全体の共同作用に及ぼす強力なコミュニケーションツールだと思います。私たちは誰かが不平不満を言ったとき、それを笑い飛ばし、あるいは指摘し合って、より前向きな方向を発見することができるようになりました。誰かがゴールを達成したら、またご報告します（このチャレンジがペンタゴンの中でも広がりを見せていることに、みんな喜んでいます。さらに前進です）。ではごきげんよう！

キャシー・ハヴァーストック

不平不満を言うときに使う言葉は、そうでないときに使う言葉とほとんど変わらないということを、前にお話ししました。**言葉の裏にある意図、エネルギーがどんなものかによって、不平不満かどうかが分かれるのです。**次のような言葉をどのくらいしょっちゅう、どんな文脈で使っているか、気をつけてみてください。

言葉をどんなふうに使っていますか？

- やっぱりね
- わかってたさ
- こんなもんだよ
- いつもこうなんだ

何か悪いことが起こったとき、「やっぱりね」とか「わかってたさ」と言ったとすると、それは、自分には悪いことが起こると期待していたというメッセージです。宇宙はそのメッセージを受け取り、さらに悪いことが起こります。反対に何かよいことが起きたとき言えば、さらによいことが起こるのです。

私は、自分が口にする言葉に本気で気をつけようと決心したときのことを覚えています。言葉は思考を反映し、思考が現実を形作るということがわかったからです。

その日私は、二十年ものの妻のピックアップトラックを使って、倉庫に置いてあった荷物を取りに出かけました。ゲイルのフォードF150は、最初のエンジンですでに八〇万キロ走っていて、一リットルで八キロほどしか走りません。一リットルのガソリンじゃなく、エンジンオイルです！　しょっちゅう補充しなければならないので、予備にケース一箱のオイルを積んでいました。

往復一六〇キロほどのこのドライブに出かける前に、オイルが十分入っていることを確かめ、愛犬のギブソンを乗せて出発しました。ギブソンはオーストラリアの牧羊犬で、名前は妻のゲイルがつけました。自分の足元で寝てほしいオーストラリア人といえば、メル・ギブソンだからというのです。

サウスカロライナのわが家からマニングの倉庫まで走って、荷物を積み込むのに数時間かかりました。その帰り、私は近道をしようと、グリーリーヴィルの方向に向かいました。以前マニングに住んでいたので、グリーリーヴィルへの道はよく知っています。約二〇キロほどの閑散とした道です。

太陽が沈みはじめたころ、エンジンチェックのランプがつきました。心の中では、「ワア、大変だ。困ったことになった」と、私はほとんどパニックに陥っていましたが、ギブソンに向かって「大丈夫。何とかなるさ」と言ったのです。実はこの道は二〇キロの間、数えるほどの家しかありません。おまけに私は、携帯電話も持っていませんでした。

トラックはあえぎあえぎ、それでも何とか一キロ半ほど走りましたが、とうとうエンジンが止まってしまいました。「大丈夫、何とかなる」と私は自分に言い聞かせるように声に出して言いました。トラックが止まったのは、幸いなことに、一軒の家の前でした。「ほら、やっぱり!」。何という幸運でしょう。「きっと誰かが家にいて、電話を使わせてくれる。ゲイルに迎えに来てもらおう」と私は考えました。それから、トラックの荷台いっぱいの荷物を道端に残していくことを考え、「このトラックで今晩中に帰りたい。どうすればそうなるかわからないけど、そうできると信じよう」と思ったのです。

こういう対処の仕方は、もともと私のスタイルではありません。以前の私なら、トラックから降りて、実に有益なこと、たとえば口汚くののしったり、タイヤを蹴《け》っ飛ばしたりしたと思います。でもこのとき、私は目を閉じて、ギブソンと自分がわが家のドライブウェイにトラックを乗り入れるところを頭に思い描きました。それは夕方の光景で、私は今と同じ服を着ています。私は運転席で少しの間じっとしていてから、このイメージを頭に浮かべたまま、その家の玄関に歩いていって、ベルを押しました。

家の中で人の気配がしたとき、私はまた「ほらね、やっぱり！」と言いました。何キロかに一軒しかない家の前でトラックが止まり、しかも中に人がいたのです。戸口に出てきた男性に事情を説明し、電話を貸してほしいのだがと頼みました。彼は暗い道路をのぞき込みました。「どんなトラック？」「フォードです」。彼はにっこりして、「私はフォードトラックのディーラーで、サービスマネジャーをしてます。道具を取ってきて見てあげましょう」。

「やっぱり！」と私は彼の後ろ姿を見ながらつぶやきました。これできっと何とかなる。

彼がフードの中をのぞき込んでいる間、私は懐中電灯で中を照らしていました。やがて彼は振り返って、「燃料システムに問題があるようですね。小さな部品、一ドルか二ドルのものですが、それが必要です。問題は機械的なものじゃなく、むしろ配管の問題のようです」と言いました。

「それなら、いいです。ただ、電話を貸していただければ」「いや、ちょうど親父がケンタッキーから来てましてね、親父は配管工なんですよ。ちょっと待ってください」

男性がまた家の中に入っていったとき、ギブソンの首をかいてやりながら、私は興奮を抑えきれず「ほらね、やっぱり！」と叫んでいました。二、三分後、彼の父親が問題を診断してくれました。「一〇センチくらいの長さで、六ミリくらいの径のチューブがあればいいんだが」と彼が言うと、息子が道具箱の中から「これくらい？」と言いながらまさにぴったりのチューブを出してくれました。

「ほらね、やっぱり！」

そしてまもなく、私は帰り道を走っていました。「何というすごい経験をしたんだろうね」と私はギブソンに言いました。何もかもがこううまくいくとは！ところがそのとき、今度はオイルランプが点灯しました。長いこと止まっていたので、オイルが抜けてしまったのです。

すでに危険なレベルに下がっています。辺りには家はありません。不安になりかけましたが、「一度はうまくいったのだから、今度も大丈夫」と大声で自分に言い聞かせました。もう一度、自分とギブソンが無事に家にたどり着くイメージを思い浮かべました。

グリーリーヴィルに入る角を曲がったとき、町で唯一つのガソリンスタンドに車を入れました。店主はドアにカギをかけようしていたところでした。「オイルがいるんだが」と言うと、彼は消した照明をもう一度つけてくれました。私はポケットに手を突っ込み、ありったけの紙幣を引っ張り出しました。これだけどんどんオイルが減るとなると、家まであと四缶はいるでしょう。しかし四ドル五〇セントしかありません。しかたなく、二缶を取り上げてカウンターの上に置きました。

「あっちのオイルも見たかい？」と店主が聞きました。「いや」と答えると、彼は棚から別のオイルを取り出して、「これもいいオイルだよ。扱うのをやめることにしたんで、半値でいいよ」と言うのです。私は四缶を両手に抱えて店を出ました。そして十一時過ぎ、無事にわが家に帰り着いたのです。

あってほしいことに注目する

みなさんからよく聞かれる質問に、こういうものがあります。「不平を言わなければ、欲しいものが手に入らないじゃありませんか」。しかし、**現状に対して不平を言うより、何が欲しいのかをはっきり言うほうが、欲しいものがより確実に手に入ります。**

二日ほど前、私の携帯が鳴りました。相手の名前はunknown（不明）となっていて、メッセージも残っていません。忙しかったし、そのままにしておきましたが、それから一時間ごとにかかってくるのです。私はこの番号に電話をして、電話会社に残されていたメッセージを聞きました。

「メアリー・ジョンソンへ。重要なメッセージがあります。メアリーさんの場合は1を、そうでない場合は3を押してください」

私は3を押しました。これで間違い電話だと気づくだろうと思ったのです。ところが、相変わらず毎時間のように電話が鳴ります。またかけてみても同じことです。

二日ほどそれが続いたあと、私は電話会社に電話して状況を説明しました。今後はもう大丈夫ですと言われましたが、電話は一向にやみません。

以前の私ならおそらく、また会社に電話をして、責任者を出せとどなり、気の毒なその人にかみついていたことでしょう。まわり中の人に、自分が何という理不尽な目にあっているかを、言って回ったことでしょう。

しかし、二十一日間のチャレンジを乗り越えた今は違います。人は誰でも間違いを犯しますし、会社というところは、人が集まってそれぞれ一生懸命仕事をしている場にすぎません。私は電話会社に電話をして、カスタマーサービスの人に、「間違いが起こることはありますし、あなたの責任でないこともわかっています。

ただ、この間違い電話を何とか止めたいんです。私も協力しますから、調べていただけませんか」と頼みました。十分後、相手の女性は問題の原因をつきとめ（コンピュータに私の番号がほかの人の番号と間違って打ち込まれていました）、電話はそれ以来かかってこなくなりました。

血圧を上げて、怒りをぶつけなくとも、自分の望む結果を得ることはできます。また、友人や同僚や家族を自分の問題に巻き込んで、愚痴を聞かせる必要もありません。ただ、自分を助けられる立場の人に、自分の望むことを説明する。それに集中すればいいのです。

誰にも、理にかなったものを手に入れる権利があります。そのためにはトラブルに注目をするのではなく、その向こうを見てください。解決した状態に着目するのです。そのほうが早く望みがかなうし、その間幸せでいられます。

「でも、わが国の偉大な出来事はみな、人々が不平を言うところから始まったのじゃありませんか。アメリカ独立宣言を起草したトーマス・ジェファーソンだって、公民権運動の指導者マーティン・ルーサー・キングだって……」というメールが届いたことがあります。このメールを送ってくれた女性に、ある面では賛成します。進歩の最初の一歩が、現状に満足しないところから始まるという点です。しかし、不満をもっているだけでは、そこから明るい未来に向かって進むことはできません。不満を言うことが当然のように思っている人は、不満の港を出帆しても、行き着く先も同じ不満の港です。不満に注意を集中するのではなく、こうあってほしいことに注目するのです。

わが国の偉大なリーダーたちは、本当に愚痴のこぼし屋だったでしょうか？それには賛成しかねます。これらの立派な人たちは、自分たちが感じる不満を偉大なビジョンに向かう力に変え、そのビジョンに対する情熱がほかの人々を動かしたのです。明るい未来に注目しつづけることが、国民の心の鼓動を結集させたのです、国家としての意識を変える方法、そして結果として未来を変える方法は、ロバート・ケネディの言葉にもっともよく要約されています。

「今あるものを見て、なぜそうなのかと問う人たちがいる。私はここにないものを夢見て、なぜそれがないのだろうと問う」

一九六三年八月二十八日、マーティン・ルーサー・キング師は、リンカーン・メモリアルの壇上に立って「われわれ黒人の扱われ方は、あまりにもひどい」と国民に愚痴をこぼしたでしょうか。いいえ。彼は、国中の人の心の琴線を打ち震わせる言葉を使いました。それは今も、聞いた人の目を潤ませるほどのものです。彼は不都合なことに注目したのではなく、それを超えたところに注目したのです。キング師はこう言いました――「私には夢がある！」と。彼は人種差別のない世界を、まざまざと人々の心の中に描いてみせました。高いビジョンをもった彼は、力強く感動的な言葉によって、人々をその高みに引き上げてくれたのです。

独立宣言の中で、トーマス・ジェファーソンは、大英帝国の支配下にある植民地の試練を明確に述べました。しかし、彼が一七七六年七月四日に署名した書類には、不平不満のたぐいは一言もありません。だからこそ、世界各国からの共感と支持を集めて、植民地を一つにまとめることができたのです。

米国の独立宣言の最初の部分にはこう書かれています。

「ものごとの成り行きにより、ある人々が、ほかの人々との間にある政治的なつながりを断ち切って、自然の法則と自然の神の法則によって権利を与えられている、独立した国としての平等の地位を、世界の列強のうちに占めようとするとき――」

自分が、十三の入植地の一つに住む入植者であると想像してみてください。そして、この言葉を味わってください。「自然の法則と自然の神の法則によって権利を与えられている、独立した国としての平等の地位」。ジェファーソンがこれを書いた当時、英国は世界の超大国でした。それでも彼は堂々と、巣立ったばかりのひな鳥同然の小さな入植地が、この政治的巨人に対し「対等」であると言ったのです。これを読んだ人々が息をのむ音が聞こえませんか。彼らの胸が、誇りと熱狂にうち震える様が思い浮かぶでしょう。英国と対等の立場などという、夢のような考えをどうやってもてたのか。それは、「自然の法則と、自然の神が与えた権利」によってです。これは、輝かしい未来に向けた力強いビジョンで、不平不満とは無縁のものです。問題を超えた、そのかなたに焦点を合わせているのです。

公民権運動の母ローザ・パークスは、バスの後部座席に座ったまま、そんなところに座らなければならない不公平を愚痴ったりしませんでした。パークスは、肌の色にかかわりなく誰もが座る権利のある、普通の席に座りました。問題の向こうを見据えていただけでなく、解決された状況の中に生きようとしたのです。

私もまた現代にあって、夢を追う人になりたいと思っています。私が物心ついてからずっと、中東の「平和会談」のニュースが繰り返し報道されてきました。しかしこの「平和会談」で語られることは、むしろ「戦争会談」みたいなもので、「そっちが戦いをやめるなら、こっちもやめてやってもいい」というのです。米国大統領が、中東のリーダーたちを集めて、溝を埋めさせようと仲介します。でも、これらの会談の焦点が「溝」にあるかぎり、その成果はごく限られたものだろうと、私は思います。

会談に出席したリーダーたちが、いがみ合いのない世界はどういうものかを話し合ったなら、どうなるでしょう。平和な共生と相互理解という共通の夢を語り合うのです。

こういう本当の「平和会談」のルールは実に簡単です。今起こっている問題、過去に起きた出来事について話すのではなく、将来の戦争のない状態について話すこと。それだけです。「平和な世界は、どんなものだろう。どんな色でどんな匂《にお》いがするのだろう。戦争や対立がずっと過去の話になって、歴史の本を見ないと思い出せないようになったらどうだろう」と想像するのです。

中心となる話題は望ましい結果、つまり平和、それに尽きます。「どうやって」という言葉は、そこでは使われません。会談の最初に「どうやってその平和に到達するか」は、今回は話し合わないと決めておきましょう。双方が、円満な共存へ向かう道を考えはじめたとたん、地理上の境界線、補償、武力解除、武器の制限、文化や信条の違い、対立するさまざまな考え方などが、焦点を現実の問題に引き戻します。そしてまた現在のトラブルは続くのです。

アブラハム・リンカーンは、かつてこう言いました。「敵を滅ぼす一番いい方法は、相手と仲よくなってしまうことだ」。そういう変化はまず、私たち自身の心の中から始まります。そして、心を外に伝えるのは言葉です。

「ほら、やっぱり！」「わかってたさ」「こんなもんだ」「いつだってこうなんだから」という言葉は、たいていネガティブな意味で使われますが、これらをぜひ、先ほどの私のエピソードのように、いいことが起きたときに使ってください。いいことが起きたときに、感謝の叫びとして言ってください。

私の友達に、「俺は世界一幸運なんだ。何だって思うとおりになる」と言うのが口癖の男がいます。美しい妻と子どもがあり、ビジネスも順調です。三十歳のときにはすでに資産家でしたし、身体も健康そのものです。彼は単に運がいいだけでしょうか。**私には、彼が自分は幸運であると信じていることが、幸運をもたらしているように思えます。だったら、彼のまねをしようじゃありませんか。いいことがあったら、どんな小さいことでも、「ほら、やっぱり！」と言ってみましょう。**

地獄を天国にすることもできる

言葉というのは大変パワフルなものです。口に出す言葉を変えると、人生まで変わりはじめます。一年ほど前、私はハイウェイの追い越し車線を走っていました。私の前には、制限速度より一五キロほど遅く走るミニバンがいました。心の中で私はぶつぶつ文句を言いました。

「制限速度以下で走るんなら、右の車線に移ってほかの車を追い越させるのが当然だろう」

何日かあと、妻と娘と一緒に車に乗っていて、またまた左車線をゆっくり走っているミニバンの後についてしまいました。今回は、私は不満を家族にぶつけました。こういうことがあるたび、なぜか相手はいつもミニバンなのです。私はイライラのタネになるミニバンを、礼儀知らずの迷惑ドライバーと決めつけてしまいました。そしてこのことを、誰彼なく吹聴《ふいちょう》しました。おもしろい発見だと得意がっていたのです。でもなぜか、それがますますひんぱんに起こります。信じたことは実現するのです。運転するたびに、ミニバンに行く手を阻まれるような気さえしてきました。

私はこの事実を言い換える方法はないかと考えました。そして、ナスカー（NASCAR＝全米自動車レース協会）のレースのことを思いつきました。ナスカーのレースで故障や事故が起こると、「ペースカー」というのがトラックに入ってきて、ほかの車のスピードを落とさせます。事故を起こした車が片づけられて、トラックが安全になるまで、みなこのペースカーの後について走らなければなりません。「ミニバンがペースカーだったら？」と私は考えました。あのミニバンが私のスピードを落とさせて、スピード違反で捕まったり、事故に巻き込まれたりしないようにしてくれているのかもしれない。そして、左車線で遅いミニバンの後についたときは、それをペースカーと考えて、感謝することにしました。これはそのうち習慣になって、ミニバンをペースカーという名前で呼ぶほどになりました。「おっと、また前にペースカーがいるぞ」と家族に言うのです。「スピードを落とさなくちゃ」

おもしろいのは、呼び名を変えただけで、あれほど憎らしかったミニバンに対する感謝の気持ちがわいてきたことです。そうなると不思議なことに、ミニバンに進路を阻まれることもあまりなくなりました。しかし出合ったときは、感謝することを忘れません。

あなたのまわりの人々や出来事を、前向きのエネルギーが出るような言葉に置き換えてみてください。彼らの存在が苦にならなくなり、むしろ恵みであると考えられるようになります。使う言葉を変えると人生がどう変わるか、ぜひやってみてください。

問題 → 機会
しなければならない → する機会を得た
困難 → 試練
敵 → 友達
苦しめる人 → 教えてくれる人

苦痛　→　シグナル
こうしてくれ　→　こうできればありがたい
不平不満　→　要望
苦労　→　道程
おまえがやった　→　自分がこういう状況をつくり出した

最初はちょっとぎごちないですが、人や状況を表す言葉を変えると自分の気持ちがどう変わるか、観察してください。不思議なことに、状況それ自体もまた変わってきます。

あなたは自分の望むように人生を変えることができます。私は子どものころ、運のいい人だけが、死んでから天国に行けるのだと思っていました。ある日聖書を読んでいて、キリストの一つの言葉に出合ってびっくりしました。「天国は今ここにある」。私は首を傾《かし》げました。「僕はもう死んでいて、ここが天国なのかな」。ジョン・ミルトンは『失楽園』の中で、このようなことを言っています。

「心はそれ自身が一つの世界なのだ。地獄を天国にすることも、天国を地獄にすることもできる」。今私たちがいるここが、たぶん天国なのです。少なくとも、自分でそうすることができます。

調子はどうですかと尋ねると、皮肉っぽいうなり声を出して、「今日もまた、天国の一日ですよ」などと答える人がいます。私はこれを取り入れることにしました。皮肉ではなく本気で答えるのです。調子はどうですかと聞かれたら、「今日もまた、天国の一日です」と。最初は何だかくすぐったかったのですが、今は慣れました。こう答えると、相手はみな笑顔になります。幸せになるか不幸になるか、天国にいるか地獄にいるかの選択肢は、自分がもっているのだということがわかります。

誰もが、自分の人生をつくり上げる言葉を自ら選ぶ権利をもっています。言葉を賢く選ぼうではありませんか。

第六章

非難する人と評価する人

批判することは、物をつくり上げることよりもやさしい。

——ゼウクシス（古代ギリシャの画家）

非難せず笑顔で手を振る

非難とは、鋭利な刃をもった不平不満です。誰かに対して、その人の価値をおとしめる意図をもって発言されます。他者の行動を変えるには、非難が効果的だと思い込んでいる人たちがいますが、実際には正反対の効果を生むことが多いのです。

前にお話ししたように、以前の私の家は道がカーブした場所にあり、愛犬のジンジャーが車にひかれるという悲しい出来事がありました。ちょうど最高速度が四〇キロから九〇キロに変わる直前にあるため、うちの前をスピードを上げて走りすぎる車が多いのです。ジンジャーが死んでから、私はこのことが気になってしかたありませんでした。

＊　＊　＊

不平不満を言わないチャレンジを始めて、とてもうまくいっていました。何日もブレスレットをはめ換えずにすみ、これが自分の人生を変えると思っていました。

ところが、夫がもうやめろと言ってきません。彼は、私が退屈な人間になったと言います。夫は悪口を言い合うのが好きで、それに私がつきあわないのが不満なのです。悲しくなってしまいます。

匿名希望

＊　＊　＊

庭で芝刈りをしているとき、車が目の前を猛スピードで走りすぎると、私はよく大声で「スピードを落とせ！」とどなったものです。それだけでなく、腕を振り回して、相手にわからせようとしました。ところが、それでスピードを落とす車はありません。ドライバーは顔をそむけて走り去っていきます。とくにしゃくにさわる車が一台。それは黄色いスポーツカーで、若い女性が乗っています。どんなに私がわめいても、腕を振り上げても、彼女はうちの前を、危険なほどのハイスピードで通りすぎるのです。

ある日私は裏庭で芝を刈っていて、妻は家の前で花を植えていました。例の黄色い車がいつものように高速で近づいてきます。私は何をしても彼女をスローダウンさせられないので、あきらめて見ていました。ところが思いがけず、ブレーキライトが点灯したのです。車は安全なスピードに落として通りすぎていきました。私はびっくりしました。こんなことは初めてです。いつもはブスッと仏頂面で通りすぎる彼女の顔が、微笑《ほほえ》んでいるようにも見えました。私は芝刈り機のスイッチを切り、前庭に歩いていって、妻にどうしたのだろうと尋ねました。ゲイルは花を植えながら、「簡単よ。手を振ってみたの」。

「何だって!」「お友達みたいに、にっこりして手を振ったの。彼女もにっこりして、スピードを落としたわ」

何か月もの間、私はこの車をスローダウンさせようと、非難を表しつづけました。彼女のしていることは間違っているとわからせようとしたのです。しかし、妻のゲイルは彼女を親切に扱い、相手はそれに親切でこたえました。考えれば考えるほど、これはもっともです。彼女には、芝刈り機のそばでわめいている私の言葉は聞こえなかったのだと思います。腕を振り回す様子も、バカげて見えたでしょう。彼女にとって私は、通るたびにわめき散らす不気味な男でしかなかったのです。目を合わさないようにして大急ぎで通りすぎるのも無理ありません。しかし手を振るゲイルは、彼女を友人として扱ってくれる親切な近所の主婦だったわけです。それ以来この黄色い車はスピードを出さなくなりました。うちの前を通りすぎるときは、安全なスピードで走っていきます。

誰だって非難されることを嫌います。非難すると、その行動が改善されるどころか、ますますひどくなってしまうこともよくあります。非難とは相手の欠点や誤りを指摘することですから、相手はそれを不当と感じ、自分を正当化するためにあらゆる手段で反撃してきます。

人はみな認められたい

偉大なリーダーたちは、人は非難よりも評価に対してよりよく反応するということを知っています。**好意的な評価を与えられた人は、もっと評価を得たいと思って、さらに伸びます。非難は人を引きずり落とす行為です。人の価値を低く決めつけることは、**今後も相手がその行動をとると認めることにほかなりません。

「怠惰」というレッテルを張れば、そのレッテルにふさわしい行為を暗黙のうちに許可することになり、怠惰な行動は今後も繰り返されます。

人間はみな、人に認められたい、価値があると思われたい、重視されていると実感したいという強い欲望があります。内向的な人でも、他者から、とくに自分にとって大切な人から関心をもたれたいと思っています。たとえその関心が、非難というようなネガティブなものであっても、その関心を得るために、その行為を繰り返すということもあります。これを意識して行っていることはまれで、たいがいは無意識のうちに行われます。関心が非難だった場合、その人は非難のレベルに合わせるように、自分のレベルを下げて相手の期待にこたえることまでするのです。

他者からの関心が、それに合った行動を喚起します。ジョージ・バーナード・ショーの戯曲『ピグマリオン』（映画『マイ・フェア・レディ』の原作）の中で、イライザ・ドゥーリトルが、ピカリング大佐に、この現象を説明するところがあります。

「あのね、誰でも習い覚えられること（服とかしゃべり方とか）以外に、レディと花売り娘の本当の違いはね、どうふるまうかじゃなくて、まわりからどう扱われるかなの。私はヒギンズ博士に対してはこれからもずっと花売り娘。だって彼がそう扱うから。でも、あなたは私をいつもレディとして扱ってくれる。だから私はこれからも、あなたに対してはレディでいられるの」

私たちは、自分の人生をつくり上げることにおいて、自分が思うよりもはるかに強力な力をもっているのです。まわりの人々をどう考えるかが、彼らが私たちの人生にどうかかわるか、私たちが彼らにどうかかわるかを決定します。

子どもの短所ばかりに目を向けて、よい点を評価しようとしない親がよくいますね。子どもが、四つのAと一つのCがついた成績表を親に見せるとします。するとその親は「何でCなんか取ったの？」と言います。四つのすばらしい結果を無視して、たった一つの並の結果を批判するのです。

以前、娘のリアの成績が下がりはじめたことがありました。教育熱心で愛情たっぷりで娘のために労をいとわない親である私たちは、何とか成績を上げてほしいと、悪い点の科目に集中的に気を遣いました。すると驚いたことに、ほかの科目まで下がってくるではありませんか。まもなく私たちは、成績というのは、その本人のものなんだということに気がつきました。それからは、いい点をほめるようにして、娘にこの成績で満足かと尋ねることにしました。たとえ私たちの期待よりも悪い成績でも、彼女はイエスと答えました。しかしまもなく、成績は上がりはじめたのです。

「しかし、不平不満を言って批判することが仕事なんです」と言う人たちもたくさんいます。メディアの関係者です。私はこれを聞いて悲しくなりました。私は大学で、放送ジャーナリズムで学位をとりました。ジャーナリズムの仕事は、事実を報道し、何が起きているのかを人々に説明することだと考えています。しかし、メディア界の中には、人々をとことん叩《たた》きのめすことが仕事だと考えている人たちがいます。そうすることによって、人々の関心をテレビやラジオや新聞にひきつけようとするのです。その目的は、視聴率や収益です。私たちにとって情報を得ることは大切ですが、そういうものに操られないようにしなくてはなりません。非難はしばしば、相手を支配するための道具としても使われます。

私は、映画や書物や演劇の評論家までいらないと言っているわけではありません。よい批評家（私は、批評家［クリティック］より評論家［レビューアー］と呼ぶほうがいいと思いますが）は、私たちに映画や本や芝居が、時間とお金をかけるに値するものかどうか、教えてくれます。レビューを読むと、それを書いた人が、レビューアーか、クリティックかがわかります。ゆうべも食事時に、今週から始まる映画のレビューを読んでいましたが、その批評家の文章は長ったらしく難解で、高尚な参考知識だらけで、当の映画のことにはろくにふれていません。「どうだ、私は博識だろう」と言わんばかりなのです。

不平不満と同じように、批判も自慢の一種です。「私の感覚は非常に洗練されていて、この作品ではとても満足できない」と言っているわけです。『最後の恋のはじめ方』という映画を見ましたか？　ケヴィン・ジェームズ演じる男が愛する資産家の女性は、鼻持ちならないきどった男たちに囲まれています。あるパーティーで、レストラン、映画、芝居、美術展のオープニングなど、いろいろな話題が出たのですが、そのすべてを二人の男が「あんなものはまるでダメだ」とけなすのです。彼らは「とても耐えがたい。われわれの高尚なレベルにとても達していない」と言いたいわけです。

あなたはすでに「意識すればできる段階」にいるのですから、自分が口にする言葉によく耳を傾け、批判しようとする状況をチェックしてください。批判が、悪い状態を長引かせることになりませんか。「意識すればできる段階」は「ブレスレットを動かしたくない」と思う段階でもあります。しゃべりはじめて、自分の心に非難の気持ちがあることに気づいたとき、私は代わりに「ブレスレットを動かさないぞ」と口にしました。品格のない言葉を口にしそうになったら、こういう方法も効果があります。

また、この段階で効果があるのは、一緒にチャレンジする仲間を誘うことです。互いの発言を監視して、相手がしくじったときにそれを指摘するためではありません。うまくいっているときに喜び合い、最初からやり直しになったとき、めげずに続けるように励まし合うためです。ネガティブな言葉をポジティブな言葉に言い換えるのを手助けしてくれるような相手がいれば何よりです。誰だって、成功を願ってくれるチアリーダーが必要なのです。

幸せのクラクション

八年ほど前のこと、ある男性と知り合いました。非常に悲惨な状況の中でさえ、ものごとを前向きに見られるということを、愛する人に示した人です。彼との出会いは、道路脇《わき》に掲げられていた一つの標識に、私が気がついたところから始まります。

粗末なボール紙でできたその標識は、木の杭《くい》で地面に立てられていました。サウスカロライナ州コンウェイの郊外、ワカモー川の土手にさしかかる辺りです。標識には、こう書かれていました。

「幸せなら、クラクションを鳴らしてください」

こんな標識を立てるとは、なんと気楽な人間がいるもんだ、とあきれて首を振りながら私は走りすぎました。

「まったくくだらない。幸せ？　何が幸せだ」と思っていました。そのころの私は、幸せとは何かがよくわかっていなかったのです。喜びというならわかります。でも、たとえいいことがあっても、次の瞬間にはどうせ何か悪いことが起こって、現実に引き戻される。幸せなんて幻想にすぎない。死んだあとにやっと手に入るのだろう。そう考えていましたが、実際はそれも信じてはいませんでした。

二週間後の日曜日、友人たちと遊びに行くため、ふたたびハイウェイ５４４を、サーフサイドビーチに向かって走っていました。子どもの歌のＣＤをかけて、妻のゲイルと娘のリアと三人で歌ったり笑ったりしながら、とても楽しくドライブしていたのです。ワカモー川の土手でまたあの標識を見つけたとき、深く考えずにクラクションを鳴らしました。

「何？　誰かいたの？」とゲイルが聞いたので、「幸せなら、クラクションを鳴らしてください、っていう標識が出てたんだ。幸せな気分だったから鳴らしたのさ」と答えました。

子どもには、こういうことは不思議でも何でもないようです。子どもは時間の観念も税金を払う義務もなければ、大人が抱えているような失望、裏切り、制約、心の傷も持ち合わせていません。人生のすべての瞬間は、幸せのためにある。一つの瞬間が終われば、次の瞬間がまた幸せのために存在します。クラクションを鳴らしてそれを祝うのは自然なことに思えたのでしょう。

その日の帰り道、標識の横を通りすぎたとき、リアが甲高い声で言いました。「クラクションよ、パパ、ほら鳴らして！」。このときには私はすでに、行きに感じていた楽しく高揚した気分からは遠ざかっていました。明日また始まるたくさんの仕事や不愉快な用事のことを考えはじめて、気分が落ち込んでいたのです。とても幸せな気分とはいえません。でも娘を喜ばせるために、クラクションを鳴らしました。

そのとき自分の心に何が起きたか、私は今も覚えています。ほんの一瞬でしたが、さっきよりも幸せを感じたのです。クラクションを鳴らしたためにです。パブロフの条件反射のように、クラクションの音が、今朝方《けさがた》の楽しい記憶をよみがえらせたのでしょうか。

それ以来、家族とともにそこを通るときには、クラクションを鳴らしてとリアが要求します。鳴らすたびに、自分の心の体温計が少し上昇します。目盛りが二だったとすると、七か八くらいには上がるのです。私はやがて、一人で車を運転しているときも、クラクションを鳴らすようになりました。

ある日、ゲイルが笑いを押しころしながら帰宅しました。リアが部屋へ行ったあと、彼女は言いました。「今日の午後、ハイウェイをおしゃべりしながら運転してて、うっかり後ろをよく見ずに車線変更しちゃって、隣の車を路肩に押し出しそうになったの」

そこでまた彼女は笑い出します。私には何がおかしいのかさっぱりわかりません。

ゲイルは続けました。「その車のドライバーはものすごく怒って、車をこちらの横につけると中指を突き立てて、クラクションを立てつづけに鳴らしたの」

とんでもなく危険な状況だったわけです。笑いごとじゃありません。「何がおかしいんだ」と言うと、ゲイルは私の心配を察して、少し落ち着いて続けました。

「リアがその人を指差して、ねぇママ、あの人すごく幸せなのね！と言ったの」

一瞬の後、私もまた噴き出していました。子どもというのは、何てすばらしいことを考えるのでしょう。彼女にとってクラクションが意味することはただ一つ。それを鳴らす人は幸せなんです！

それからは、標識を通りすぎるときにクラクションを鳴らすと、気分が浮き立つようになりました。土手に近づいただけで、ハイウェイ544に入っただけで、少しわくわくします。

標識が立っている場所の奥はちょっとした林が、土手と近くの町の間に広がっています。いったい誰がなぜ、この標識を立てたのでしょう。

そのころ私は、家々を訪ねて保険を売る商売をしていました。ある日私は、ハイウェイ544の北一キロ半ほどのところにある家を訪ねる約束がありました。行ってみると、奥さんが出てきて、ご主人は私と約束があることを忘れて出かけてしまったようだというのです。私は落胆しましたが、その町からの帰り、自分が例の林の裏側にいることに気づきました。道に沿って走りながら見当をつけ、あの標識に近い家を探しました。

その家は一階建ての灰色のプレハブで、窓枠が赤く飾られていました。簡素ながらよく手入れがされた家です。デッキのシナモン色の階段を戸口のほうに上がりながら、人が出てきたら何と言おうかと頭の中で考えていました。「こんにちは。林の向こうのハイウェイに立てられているボール紙の標識を見たのですが、何かご存じありませんか」と言うか、あるいは「あなたは、『幸せなら、クラクションを鳴らしてください』って書いた人ですか？」とでも言おうか。どうも照れくさい。でも、自分の心や生活にあれだけ影響を与えた標識についてぜひ知りたい。私はベルを鳴らしました。結局、用意したせりふはどれも、使わずじまいでした。

誰が標識を立てたのか？

「さあ、どうぞ。お入りください」と男の人が、私をにこやかに招き入れるのです。私はますますドギマギしました。「誰か別の人と間違えているのだろうか」。

ともかく中に入って、彼が差し出した手を握り、一年前からハイウェイの標識を見ていて、この家が標識に一番近いのでうかがったのだと話しました。彼はにっこりして、自分があれを立てたと言いました。私のほかにも、何人もの人がここを訪ねて、標識のことを聞いたそうです。

ハイウェイのほうからは、時折クラクションの音が聞こえます。彼は話しはじめました。「私は近所の高校のスポーツコーチをしています。妻と私はビーチに近いここが気に入っていて、近所の人とのつきあいを楽しみ、ずっと幸せに暮らしてきました」。彼の青い目が射抜くように私を見ています。「少し前、妻は病気になりました。医者からは、もう打つ手がない、あと四か月、長くて六か月と言われました」

私はいたたまれない思いで、黙って座っていました。彼は続けます。

「最初は二人ともショックを受け、怒りが込み上げてきました。それから二人で抱き合って、来る日も来る日も泣いていました。そしてようやく、彼女の命が終わるのだということを受け入れたんです。妻は死の準備を始めました。病院用のベッドを部屋に入れて、一日中、暗い中に横たわっていました。二人ともただ惨めでした。ある晩、妻が痛みのためになかなか眠りにつけなかったとき、私はデッキに出て座っていました。絶望の淵《ふち》に沈んでいくようでした。耐えがたい心の痛みをこらえながら、ビーチへ向かう車が土手を渡っていく音を聞いていたのです」

彼は遠いところを見るように目を泳がせました。それから、私が聞いていることを思い出したかのように、首を振って話を続けます。「この先にある人気のビーチで、グランド・ストランドと呼ばれている場所を知っていますか」

「ええ、もちろん知ってます」と私は答えました。「大勢の観光客が訪れますね」

「そのとおりです。家族と一緒のバケーションほど楽しいものはない。計画を立て、金をため、やっと実現する楽しい時間。何より最高の思い出です」。そのとき、長いクラクションの音が話を中断しました。

コーチは少し黙って、それから続けました。「デッキに座っていたそのとき、ふと思ったんです。妻が死に臨むとしても、幸せまで一緒に死ぬ必要はないと。

実際、私たちは幸せに取り囲まれている。ここからわずか一〇〇メートル足らずのところをビーチに向かう、何百万台という車の中にもたくさんの幸せがある。そこで私は標識を立てました。格別何の期待もしていませんでした。ただ車で走りすぎる人たちに、自分たちの幸せな時間を当然だと思ってほしくなかった。もう二度とこないかもしれない、愛する人と過ごす特別な時間を大切にして、今の幸せをかみしめてほしいと……」

何台かの車が鳴らす、いくつかのクラクションが続いて鳴り響きました。

「最初はポツンポツンとたまに鳴るくらいでしたが、やがて妻も気がつきました。あれは何かしらと聞くので、標識のことを話しました。そのうち、クラクションの数が増えはじめ、それが妻には特効薬だったようです。自分もまた幸福に満ちた世界の一部なんだ、暗い部屋で一人で死んでいくのではないのだと、慰められたようです」

私はしばらく、聞いたことをかみしめるように黙っていました。なんと勇気づけられる話でしょう。「妻に会いますか？」と彼が言いました。驚きながらも

「ええ」と私は答えていました。彼の奥さんを、実在の人間というよりむしろ、感動的な物語の中の人物のように感じていたのです。廊下を歩きながら、末期患者のやつれた姿を見てショックを表してはならないと、自分に言い聞かせました。ところが部屋に入っていった私を迎えてくれたのは、微笑みを絶やさない女性でした。死に直面している病人というより、病人を演じている女優のように見えました。

また一つクラクションが聞こえ、彼女は言いました。「あれは、ハリス一家よ。久しぶりにクラクションが聞けてよかったこと」。一日に何百回となく、夜中まで、プップー、ブーブー、パーン、グオーと、さまざまな音色のクラクションが、ここに幸せがあるよと告げるのだそうです。「私の毎日は、以前と変わらないほど充実しているんです」と彼女は言いました。「あの人たちは、死に臨む女がここにいてクラクションを聞いているとは、夢にも思わないでしょう。でも私は、あの人たちを知っています。クラクションの音でわかるの」。彼女は、少し頬《ほお》を赤らめて続けました。「ここを通る人たちの物語をつくっているの。ビーチで遊んでいるところやゴルフをしているところを想像してね。雨の日には、水族館やショッピング。夜はアミューズメントパーク、あるいは星空の下でダンス――」。声はだんだん小さくなり、彼女は眠りに落ちていくようです。「何て幸せな生活かしら、何て、何て幸せな……」

コーチは私に微笑みかけ、私たちは立ち上がって寝室を出ました。彼は黙ったまま私を戸口まで送ってきました。私は一つ聞きたいことがありました。「医者は最長で六か月の命と言ったんでしたね」「ええ」と彼は、私の質問を察して微笑みました。「奥さんが病気になられたのは、看板を立てる数か月前と言われましたね。私が看板を見てからもう一年以上がたっています」

「そのとおりです」と彼は言いました。「どうぞまた、近いうちに私たち二人に会いに来てください」

看板はそのまま、さらに一年そこにあり、そしてある日突然姿を消しました。「彼女の命が終わった」。私は悲しい思いでそこを通りすぎました。「少なくとも、人生の最後を幸せな気持ちで過ごすことができ、予測をはるかに超えて生きられた。医者も驚いたことだろう」。それから数日後、私はハイウェイ544をビーチに向かって走っていました。橋に近づくにつれ、いつもの幸せの代わりに悲しみが込み上げてきます。手作りのダンボールの標識だから、雨風にさらされて壊れてしまったのかもしれないと目を凝らしましたが、やはり見当たりません。心の中が暗くなりました。

しかし、さらに土手に近づいていくと、驚いたことに、ダンボールの看板があった場所に、別の新しい標識が立っています。幅一八〇センチ、高さ一二〇センチほどの明るい黄色の地に、点滅光が取り囲んで、その両側に大きな輝く文字で、懐かしい言葉が書かれています。「幸せなら、クラクションを鳴らそう!」

目に涙を浮かべながら、私は思い切りハンドルに体重を預け、私が通っていることを知らせました。「あら、ウィルが行くわ」という彼女の声が聞こえるようです。

生を愛した彼女は、愛情あふれる夫に支えられ、予測をはるかに超えて生きました。医学の専門家が突きつけた現実に注目する代わりに、周囲の幸せに注目したからです。彼女の生きざまは多くの人の心を打ちました。

不平不満から解放されれば、誰かをこれほどに支えることができます。人生を変えたい人、支えが必要な人を励ますことによって、自分も同じように励まされます。一緒に理想を実現することができるのです。

Part Ⅳ

無意識に不平を口にしない段階

第七章

二十一日間不平を口にしない

すべてのことを不平を言わずにやりなさい。

——ピリピ人への手紙（新約聖書）

二十一日間不平を口にしなかったあなたへ

洞窟魚《どうくつ》という魚を知っていますか。洞窟魚にはいくつか種類があり、そのほとんどは、米国ミシシッピ川デルタ地域の石灰岩の洞穴で見つかります。体長一二センチほどで、色素はほとんどなく、青白い皮膚をしています。一種を除き、目がありません。太古に、地殻変動や海底の潮流変化により、洞穴に閉じ込められてしまったのだろうと推測されています。何も見えない真の闇《やみ》に閉じ込められたまま、魚たちはその環境に適応したのです。これらの魚は今も、闇の中で暮らしつづけています。

何代にもわたって生殖が繰り返された間に、太陽光から皮膚を守る色素は、必要がないために消失してしまいました。そして目のない稚魚が生まれるようになりました。光のない世界で、体が環境に適応して、色素や目をつくることをやめてしまったのです。

＊　＊　＊

四年前、警察官をしていた二十三歳の長男ベンが、運転中に脳出血で倒れました。詳しいことは書きませんが、それ以来今日まで、私たち家族にとって神の無条件の愛への信仰が試されるような、つらく苦しい日々が続きました。

ベンは、医者が難しいと診断したにもかかわらず、奇跡的に命をとりとめました。障害が残りましたが、それも静かに受け入れました。失語症が少しあり、右半身に力が入らないのです。でも、愚痴一つこぼさずに、少しずつリハビリを続けています。これもブレスレットのおかげです。ベンが彼の十字架を、不平不満を言わずに背負うことができるなら、誰にもできるはずです。ベンの回復を助けてくれたすべての人に、ブレスレットを送りたいと思います。

本当にありがとうございました。これからもこの活動が広まりますように。あなたとあなたの教会は、世界中に影響を与えたと思います。

ノリーン・ケップル（コネチカット州）

＊　＊　＊

不平不満から解放されるために何か月もかかった人は、自分が変わったことに気づいたことでしょう。気の遠くなるような時間を経て、洞窟魚が不要なものを置き去ったように、あなたの心も、もはや昔のような不愉快な考えを蓄えなくなっているはずです。ネガティブな言葉を口から出さなくなったので、ネガティブな考えもあなたの中に存在しなくなります。言葉を変えたために、考え方も変わります。今あなたは「無意識にできる段階」に入ったのです。その結果、別人のように幸せになっているはずです。

このプログラムを始めたとき、二十一日間のチャレンジを達成した人には、「幸福証書(Certificate of Happiness)」を送ることに決めました。「不平不満から解放された証書」ではなく「幸福証書」としたのは、このチャレンジを達成した人は、言葉だけでなく、心と生き方も変わったはずだからです。二十一日間のチャレンジを達成した人は、www.AComplaintFreeWorld.org に行って、そう報告してください。早速この証書をお送りします。

「無意識にできる段階」、つまり二十一日間を達成したあとのあなたは、もはや痛みを探して「痛い、痛い」と訴えたりはしません。心は自分の思うままになり、まわりの人も、以前より幸せな気分でいられます。楽天的な人々を引き寄せ、あなたの前向きな性格はまわりの人の気持ちや気分を引き立てます。ガンジーの言葉を借りれば、世の中がこうあってほしいという変化を自分で達成したのです。何かがうまくいけば、あなたは「ああ、やっぱりね」と反応します。試練が出現したときも、そのことを吹聴《ふいちょう》して、その事態にエネルギーを与えたりしません。それより、試練の中に恵みを見いだそうとします。

まわりの人が不平不満を言うと、落ち着かない気分になります。部屋の中に、急に異臭が漂いはじめたような感じがします。長い時間、自分の不平不満をチェックしてきたので、人がそういうことを口にすると、静けさの中で耳をつんざくシンバルの音を聞いたような気がするのです。しかし、彼らの不平不満がどれほど不快であろうと、それを指摘してやろうとは思いません。ただ静かに観察するだけです。相手は自分を正当化しなくていいので、やがて口を閉じるでしょう。また、身の回りの小さなことに対して、感謝の念をもつようになります。今まで当たり前だと思っていたことに対してもです。私は、「最後に髪をとかしたとき、それが生涯の最後だとわかっていたら、もっと感謝しながら大切にとかすのだった」と残念に思ったものです（何のことかと思った人は、カバーの袖《そで》の私の写真をご覧ください）。「無意識にできる段階」に慣れてくると、自分に関しても、欠点を見るより評価する視点をもつようになります。それでも改善したいと思うところがあるかもしれませんが、それはいいことです。新しい前向きなエネルギーで、こうなるといいなというイメージをつくってください。

すべてがうまくいく

あなたの経済状況もまた、改善されるでしょう。お金は、それ自体に価値があるわけではありません。ただの紙切れとコインが、価値を代表しているだけです。**お金に注目する代わりに、自分の生き方や口にする言葉の価値にもっと注目すれば、恵みが引き寄せられてきます。誰かがしてくれる小さなこともよく気をつけて、感謝の気持ちをもつことです。そういう人には、そういうことがますます多**

く起こるようになります。

ポジティブで幸福そうな人は、そばにいると楽しいのです。そういう人は、給料のいい仕事に就けたり、仕事の安定性が増したりして、経済的に改善される道が開けます。

報酬というのは、何かができる、あるいは作れる能力に対して支払われるわけですが、言葉を扱う能力は、それだけで高い報酬に結びつく要因になります。周囲を明るくし、職場に喜びをもたらしてくれる人は、体重分の金ほどの価値があります。シアトルのある会社で受付をしていた、マーサという女性がいます。明るく誠実で、すばらしい笑顔の持ち主です。いつも人をほめ、心から楽しそうで、何でも誰のためにでも喜んでします。彼女には輝くような存在感があって、まわりにいる人がみな、元気にてきぱきと働くのです。

先日、私は久しぶりにこの会社を訪ねました。受付に立ったとき、何か違うと感じました。壁の色を暗い色に塗り替えたのか、照明の電球が一つ切れたのかと思ったくらいです。それから、彼女がいないことに気がつきました。「マーサはどうしたんですか?」と尋ねると、「ほかの会社に、二倍以上の給料で引き抜かれてしまったんです」とのこと。

マーサの明るく活気のあるパーソナリティが消えたあとは、職場全体の幸福感と生産性が落ちてしまいました。営業の連中は、マーサが電話の応対をしていたころよりも、顧客からの苦情が増え、しかも問題がこじれるようになったと言います。

あなたがどんな態度をとるかで、まわりの人があなたにどうかかわるかが変わるのです。人だけではありません。動物も同じ。今これを書いているとき、UPS(アメリカの配送会社 United Parcel Service of America Inc.)のトラックがやってきたので、うちの二匹の犬が興奮して吠《ほ》えています。トラックを警戒しているのではありません。むしろ来てほしくて吠えているのです。このUPSのドライバーは、ほかの配達ドライバーのように、犬を怖がったり、無視したりしません。自分の配達ルートのすべての犬の名前を覚えて声をかけ、犬のスナックまで用意しています。ばかげているように聞こえるかもしれませんが、犬たちはこのドライバーが大好きです。飼い主も自然とこのドライバーに好感をもちます。このドライバーの、ハッピーで親切な人間であろうとする姿勢は、コマーシャルを何千回テレビで流すよりも、UPSに対する好感情を生み出しています。

このドライバーは、マネジメント職を希望するなら、いつか、UPSをしょって立つリーダーになるかもしれません。誰だって、毎日を気分のいい日にしてくれる人と一緒にいたいのです。そして、そういう人はほぼ間違いなく、昇進していきます。

不平不満から解放された人が手にする最大の贈り物は、自身の家族に対する影響です。よきにつけあしきにつけ、私たちは周囲の人間のモデルになります。とくに親は権威をもっていますから、子どもに大きな影響を与えます。

私の父親は料理をするとき、必ずタオルを左の肩にかけました。熱いものを持ったり、ちょっと手をふいたりするのに使うのですが、私は物心ついたころから、それを見てきました。私がキッチンにいるときは、私も必ず左肩にタオルをかけます。右ではなく必ず左です。父も、その父親がそうしていたのをまねたのかもしれません。父は私に教えたわけでもなく、ただ行動を見せただけです。私も知らないうちに、いろいろなことを娘に引き継いでいることでしょう。

以前の私は、夕食の時間は愚痴をこぼしたり噂《うわさ》話をしたりする場だと、娘に無意識のうちに教えてしまっていました。でも幸い今は違います。われわれの夕食のテーブルでは、感謝すべき出来事や明るい展望が語られます。これこそ、私が娘に伝えたいことです。娘もまた、それを子や孫に伝えていってくれるでしょう。

家族が過ごす時間を、楽しく幸せなものにしてください。けっしてネガティブな感情のはけ口にしないように。食事時の話題を提供しようとして、その日にあった不快なことを探して話す習慣をやめれば、ずっと楽しい時間になります。

不平不満から脱すると、望むことがより起こりやすくなります。前に教会の信徒で、不満な点を列挙したリストを持ってきた女性の話をしましたね。リストの改善点をいくつか実行したあとで、私は悟りました。どれだけ改善しても、彼女はさらに次々と欠点を見つけ、けっして終わりがないのだと。彼女が言ってくることに対して、私は強い反発を覚えるようになりました。彼女に悪感情さえもちました。彼女が提案することは、たとえいいことでも、無視してしまいます。私がろくに口もきかなくなったので、彼女はリストを持ってくるのをやめました。おかしなことに、彼女が来なくなると、その提案はしだいに取り入れられて、ほぼそのとおりになったのです。彼女が不平不満を言ったからではなく、言わなくなったからです。私たちは理にかなうと思えば、行動を起こします。でも不平を言われると、攻撃されたと感じ、それを無視することによって反抗するものなのです。

自分の欲するところを語る

今の段階のあなたは、欲していない状態について愚痴をこぼす代わりに、欲していることを語るようになっていますね。まわりの人は、あなたと一緒に仕事をすることを望むようになるでしょう。ものごとがすらすら運んだり、称賛を得られたりするでしょう。まあ、見ていてください。必ずそうなります。

「でも、私が情熱をかけている社会的な信条はどうなんでしょう」。これも私がよく聞かれる質問です。「不満を言わなかったら、どうやって建設的な変化を世の中に起こせるのでしょう」というものです。変化はたしかに不満足な状態から生まれます。この人のように、現状と理想のギャップを見いだす人がいるから、初めて変化が生じるのです。しかし、不満は、出発点ではあっても、目的ではありません。現状について不満を言っていれば、同じような不満をもつ人が引き寄せられてくるかもしれませんが、それ以上には何も起きません。しかし、その試練がなくなった状態、ギャップが埋められた状態、問題が解決した状態について話しはじめれば、あなたは人々の心を燃え立たせ、前向きの変化に向かって動かすことができるでしょう。

不平不満を言うのをやめると、恐れや怒りを感じることも減ります。怒りというのは、恐怖が外へ向けて出たもので、根っこは同じです。あなたはもはや、怒っている人、恐怖を抱いている人を引き寄せることはあまりなくなるでしょう。

全米ベストセラー『魂との対話』（邦訳、サンマーク出版刊）の中で、ゲーリー・ズーカフは「不平不満は人を操作する一つの形である」ということを言っています。

私の友人で、私とは別の宗派の牧師をしている男がいます。その宗派の統括組織が、彼の教会を発展させるためコンサルタントを送ってきました。そのコンサルタントは「人々が恐れるものを何か見つけなさい。それを使って人々を怒らせるのです。彼らは今の状況に対する不満を言いはじめるでしょう。それが彼らを結束させ、新たな信徒を増やすことになります」と言ったのだそうです。このアプローチは、私の友人の信条にそぐわないものでした。救いを必要としている人々に仕えるのが牧師の仕事で、大衆を扇動することではないと考えていたからです。彼は、仲間の牧師に電話をして、この恐怖と怒りというテクニックが、はたして役に立つのかと尋ねました。相手の牧師は「まあね。信者はたしかに増えた。ただ問題は、みんながビクビクして怒りっぽく、年中不満を言っていることなんだ。彼らをどう扱っていいか困っている」と言ったそうです。私の友人はシニア牧師の地位を捨てて、その教会をやめ、今は病院つきの牧師をしています。自分の信条にあった働き方ができて、とても満足そうです。

先日の夜、家族で『ザ・ミュージック・マン』という古い映画を見ました。ロバート・プレストン主演の映画で、プレストンは、口がうまく破廉恥な楽器セールスマン、ハロルド・ヒル教授の役です。彼はアイオワ州のリバーシティに行って、そこに住む古い友達に、「この町には何か人々を不安にさせるいいタネはないかね」と聞きます。友達は、町で初めてのビリヤード台が届いたという話をします。プレストンは、ビリヤードなどを始めると町がいかに堕落するかを吹聴して、町中を不安に陥れます。そして、「モラルの崩壊とマス・ヒステリア（集団狂気）」を食い止める方法は、すべての若者を楽隊に参加させることだと説きます。町を救うと称して、人々に楽器とユニフォームを売りつけるという筋書きです。人々の不安の炎をかき立てて操作し、自分の懐を肥やしたわけです。

ズーカフの言うとおり、不満を使って人のエネルギーを操作することがよくあります。あなたはすでに不平不満から解放されたので、誰かがネガティブな言葉を使ってあなたを操作しようとしても、すぐ見破ることができます。健全な境界を設けて、自分を守れます。

こういうことを言う人たちもいます。「でも心理学者が、不平を言うことは健康的だと言ってますよ」。前にも言ったように、時と場合によっては、不満を言うことは意味のあることです。実際に自分を助けることのできる立場の人に向かって、悲しみ、苦痛、不満足を表現することは健全です。ただそれは、すでに起こったことについて誰かを責めるためのものではなく、自分の欲することがこれから手に入るような場合に限ります。

また、人生のつらい出来事を乗り越えるために、精神分析医やカウンセラーと話すのは健全なことです。すぐれた精神分析医であれば、それらの出来事に意味を与え、将来に向けて、希望と前向きの考え方を示してくれるでしょう。しかし、友人に対して、「うっぷん晴らし」のために不平不満を言うのは、抑制のないネガティブな行為で、問題を大きくするばかりです。同じようなネガティブな人たちをひきつける結果にもなります。

今起こっている問題を解決するために、感情の「処理」をしなければならないときはあるものです。しかしそれは、不満を言うことではありません。あなたのい、気持ちを誰かにわかってもらえばいいので、取り返しがつかないことを蒸し返すことではありません。上司に叱責《しっせき》されたとしたら、それについて妻に話し、どんな気持ちだったかをわかってほしいと思うでしょう。「予想もしなかったことで、悲しくなったよ」などと言うことができます。

ある経験を「処理」するときには、自分の解釈を加えずに、できるだけ感情を中心にした言い方にしてください。たとえばこういう言葉が使えます。

- かっとなった
- 悲しかった
- うれしかった
- 幸せだった
- 腹が立った
- 恐怖を感じた
- 楽しかった

「君がそういうことをすると、私は腹が立つんだ」という言葉は、経験した感情をそのまま表現したもので、これは「処理」です。「君はそういうことをするくだらん人間だと思う」というのは非難で、「思う」とくっついていても攻撃に変わりありません。自分の感情を、人の陰口や大げさなドラマ化なしに語ることができれば、健全な処理です。

たとえ相手が心理セラピストであっても、自分の経験した苦痛について長々と話さないほうがよいのです。ある心理学の研究によれば、神経症的な症状を説明させると、症状が悪化するそうです。優秀なセラピストは、時間とエネルギーを、過去を振り返ることにではなく、よりよい未来を展望するために使えるよう手助けしてくれるはずです。

今のあなたは、自分が望む未来を手に入れる主導権をもっています。自分の人生をこうしたい、こんなことが起こるといい、ということをもっといっぱい口に出すようにしましょう。はるか遠くに見えたその地点に、ずっと短い時間で到達できます。

スティーブン・ディエツの演劇『フィクション』の中に「もの書きは、書く努力はいやなくせに、書き終える快感が好きなんだ」というせりふが出てきますが、人も自分を変える努力はいやがりますが、変わることは好きなのです。あなたは努力と時間をかけ、何度も何度もやり直しをして、すっかり自分を変えました。オリヴァー・ウェンデル・ホームズ（米国の作家、医者）の言葉を借りれば、**「新しい観念によって広がった心は、元の大きさに縮むことはけっしてない」のです。**

まだ二十一日間のチャレンジを達成していない場合は、この章はこれからあなたに起こることを約束するものとして読んでください。次の章では、チャレンジを達成した人たちが、それが彼らにとってどういう意味をもっていたかを語ってくれます。

第八章

二十一日間をやり通した達成者たち

自分自身を所有する特権は、どんな値段をつけても高すぎることはない。

——フリードリヒ・ニーチェ

不平不満から解放される

メディアは何度か、「不平不満からの解放」の活動を番組で取り上げるとき、不平を言うことは心身の健康につながると信じる心理学者を、私と対決させました。私は人を無理に変えようと思っているわけではありません。不平不満をどうしても言いたいのであれば、お好きなだけどうぞ。それに、はっきりさせておきたいことは、何かただださなければならないことが起こっても、黙っているようにすすめているのでもありません。そういうときには、遠慮する必要も、自分を抑える必要もないのです。ただ、事実を述べ自分の欲するところを伝えればいいのであって、「よくもこんなことをしてくれたな！」という負のエネルギーを、言葉の背後にくっつけないようにします。

不平を言うことが健康的だと主張する精神分析医は、彼らの仕事は患者の愚痴を聞くことだと考えていて、その人の生き方にはかかわりたくないと思っているのではないでしょうか。前にも書いたように、よいセラピストとは、患者が経験したつらい出来事の傷を、視点を変えてみることによって癒《いや》し、より幸せな現在と明るい将来につなげる努力を後押ししてくれる人であろうと私は思います。

私は心理学者ではありません。人々の前でそんなふりをしようとも思いません。この分野で私が理解していることは、自分の人生に起きた変化、つまり、ひっきりなしに不平を言っていた自分からの脱皮と、それ以来ずっと幸せで健康になった経験、それにそういう経験を共有する多くの人々の存在、それだけがベースです。もし不平不満が心身にとって健康的なのであれば、わが国の人々は世界でもっとも健康でなくてはなりません。しかし米国は心臓病による人口当たりの死亡率の高さでは世界最高ランクですし、多くの人が高血圧、脳出血、がんなどの病気に苦しめられています。

マイケル・カニンガム博士はルイビル大学の心理学者です。彼は、人間が不平不満を言いたがる習性は、大昔、何か危険が迫ったときに人類の祖先が警告の叫びを上げた習慣から発したのではないかと考えています。「そもそも哺乳類《ほにゅう》は、キーキーなき声を上げる動物なのだ。自分たちに害を与えるものについて騒ぐことが、助力を求めたり、反撃のために仲間を集めたりする手段だった」と博士は言います。激しい不平不満は、現代の私たちには必要のないものなのに、それを脱することができないのです。それは不平不満が今も、心理的・社会的利益をもたらすからなのでしょう。

不平不満を言うとき、私たちは「何かが悪い状態だ」と言っているわけです。しょっちゅう不平を言わなければならない人は「何かが悪い状態」の中に暮らしているのですから、大きなストレスを抱えています。あなたのまわりに「気をつけろ。何か悪いことが起こるぞ！」「前にも悪いことが起きたから、また起こるぞ！」と年がら年中警告する人がいるとします。聞かされるほうは、ストレスがかかってたまりませんね。あなた自身が不平不満をしょっちゅう言うなら、あなたはまわりのストレスレベルをこんなふうに上げているのです。そしてこのストレスに、あなたの身体も反応します。不平不満を言うことによって悪い状況に神経を集中させれば、身体はこわばります。筋肉は固まり、心拍数は上がり、血圧も上がります。これが健康的といえますか？

Forbes.com の二〇〇六年二月二十七日の記事によれば、わが国でもっとも多く売られている処方薬は、すべてストレスによって悪化する病気の薬だそうです。二〇〇五年には、うつ病、胸やけ、心臓病、喘息《ぜんそく》、高コレステロールのための薬が、三百十二億ドル購入されました。

「たしかにストレスは、心臓やうつ病や胸やけに悪そうだけど、喘息や高コレステロールは関係ないでしょう?」と言う人もいます。ユニバーシティ・カレッジ・ロンドン(UCL)のアンドリュー・ステップトー博士が、ストレスのコレステロールに与える影響について、『ヘルス・サイコロジー』誌に詳しく書いています。それによれば、治験者をストレス下に置くと、コレステロール値は顕著に上昇するのだそうです。

喘息についても同様です。WebMD のヘザー・ハットフィールド医師によれば、ストレスレベルが上がると、喘息の発作の回数が増えるといいます。

不平不満を言うことは、けっして健康的ではありません。実際に、健康に悪影響があります。ともあれ、二十一日間のチャレンジを達成して不平不満から解放された、達成者たちの言葉を聞いてください。私の言わんとすることがおわかりいただけるでしょう。本書の最終章は、彼らからの手紙で締めくくりたいと思います。

十一人の達成者たち

①ジョイス・カシオ（小説家）

一年前に誰かが「あなたは不平不満をよく言いますか？」と聞いたら、おそらく私はただちに否定したと思います。「いやいや、めったに文句など言いませんよ」と。しかし本当は、気がついていなかっただけなのです。常に不平を言う人を十とし、まったく言わない人を〇としたら、私はまあ五か六で、改善する必要はないと思っていました。どのレベルでも不平不満には害があるのだと、知らなかったのです。

自分がどれほど不平不満を言っているかに気づいたのは、二〇〇六年の夏、二年前にスタートしたビジネスがうまくいかず、失望していたときです。毎日が憂うつで、自信もなくしていました。自分の立場の弁明に明け暮れ、いかに自分が大変かと、ネガティブなことばかり人に話します。

しだいにそれに嫌気がさして、人と口をきくのをやめてしまいました。自分が使う言葉が聞き苦しく、その言葉には自分だけでなく相手も納得していないとわかっていました。不平不満を、本当はするべきことをしない言い訳としても使っていたようです。そうやって逃げていたために、人とも自分とも、率直で真摯《しんし》な会話をすることができず、有意義な解決の道を見つけられなかったのだと、ようやく気がつきました。

なんと不思議な偶然でしょう。ちょうどその週に、ウィル・ボウエン師が教会でブレスレットを配って、不平不満から解放されるチャレンジをすすめていたのです。数週間後、教会に出席してその話を聞いた私は感激しました。そしてすぐにブレスレットをはめました。

二十一日間のチャレンジ達成を報告できることを、とてもうれしく思います。今でも、自戒のお守りとしてブレスレットをつけています。大勢の人を感動させたこの運動を、これからは支援していきたいと思います。
このおかげで、私にどんな変化が起きたかをお知らせします。

・人生がより豊かに、幸せになった。

・ビジネスの見通しが、今までになくよくなった。

・人間関係が前向きになり、人と衝突することが少なくなった。

私にはこれからも、難しい事態が起こるだろうと思います。でもそれらにどう対応するか、それが変われば結果も変わります。今の私は、自分自身やまわりの人と、前よりずっと率直に話をすることができます。不平不満からの解放は、私の人生を変えました。これを試してみようという気持ちがある人には、きっと同じことが起こると思います。

②キャシー・ペリー（代用教員）

二十一日間のチャレンジを達成した記念日は、四月二十四日です。紫のブレスレットをつけはじめたのが、去年の七月。この間、何度かやめては再開していました。たった一日不平不満を言わずに過ぎるのに、何週間もかかりました。でも、夫が十月にブレスレットをつけはじめてからは、ずっと楽になりました。一緒にチャレンジをしてくれる人がいて、互いに支え合うといいようです。

このチャレンジは、自分が口にしている不平不満に気づかせてくれました。これは、自分の考えや言葉を認識するプロセスなんですね。これまで毎日言っていた「ああ、疲れた」とか「またよく眠れなかった」とか「忙しくて何もできやしない」という決まり文句を言わなくなると、気分よく眠れるようになり、何だか元気になりました。何に注目するかが変われば、ポジティブでいることも難しくないんですね。前よりリラックスしているし、幸福感を感じます。家族との関係も改善されました。毎日文句を言い合っていたのに、近ごろは相手をほめることが多くなり、家の中が和やかになりました。

私は、単に不平不満を言わなくなっただけでなく、いいことに目がいくようになり、与えられた恵みに感謝することができるようになりました。このチャレンジはけっして容易ではありませんが、習慣になってきて、考え方が変わりはじめると、しだいにやさしくなります。ともかく続けることですね。

③ダン・ペリー（橋梁《きょうりょう》設計者）

去年の七月、妻が二十一日間のチャレンジを始めました。彼女がとても変わったことに気づいて興味をひかれ、私も十月から紫のブレスレットをはめるようになりました。最初の一日をクリアするのに、八週間かかりました。そして四月十八日に完走したのです。

この間、不平不満を口にすることがどれほど自分の気分を悲観的にさせていたかがよくわかりました。まわりの人が、自分のネガティブな態度にどう反応していたかもわかりました。職場で上司に尋ねられたので、このチャレンジのことを説明すると、彼は「それはよかった。おまえさんが大声で文句を言うと、みんな震え上がるからな」と言うのです。このことを家族に話すと、家族もそのとおりだと言います。新聞やテレビを見ている途中で、私が何かについて激しく非難を始めると、みなは部屋を出ていきたくなるといいます。

私がカッとなったり、文句を言ったりするのは、仕事に関して気持ちが不安定だからだと、今はわかっています。仕事の締め切りが迫ってくると、仕上げられるだろうかと不安になります。はかどらないと、自分には素質がないのかもしれないと思ってしまう。その結果私は、その恐怖と怒りを、不平不満という形で表してしまうのです。今私は、仕事というのはやってもやってもあるもので、できるだけやることが、自分のベストなのだと悟りました。「職場や人生で起こるすべてのことをコントロールすることなど、誰にもできない。不平不満を言ったって、状況が変わるわけではない」

その事実を、やっと受け入れられるようになったのです。**不平不満を言わなくなると、心にとりついて離れなかった不安からも解放されました。家にいる時間が、リラックスした楽しいものになりました。**

このチャレンジは、職場や家庭における人間関係をずっと楽しいものにしてくれました。私のネガティブな態度はまわりにも伝染し、毒を振りまいていたようです。今度の新しいポジティブな態度もまた、人に癒しを与える形で伝わっていくようです。私のもらった幸福は広がっていきます。今や上司が私のことを「ミスター太陽」だなんて言うんです！

④マルシア・デール（教会の事務マネジャー）

ボウエン牧師が二十一日間のチャレンジをすすめた七月二十三日から、紫のブレスレットをつけています。そのときは思っていました。

「こんなことが難しいのだろうか。私は楽観的な人間だし、いい家族といい仕事に恵まれている。そもそも教会に勤めているのだし、二十一日間なんてどうってことない」

ブレスレットをつけてみて、実際にネガティブな言葉がどれほど自分の口から出ているかに気がついて、本当に驚きました。言いかけた言葉を途中でやめて「本当に自分はこのことを言いたいのか。言うと何かいいことがあるか」と自問することが何度もありました。たいがいの場合、答えはノーでした。はめ換えることがあまりにも多く、十一月半ばのゴールインまでに、二つのブレスレットが壊れてしまいました。

私は今もブレスレットをつけています。**言葉は大きな力をもつということ、自分にはそれを気をつけて使う責任があるということを、思い出させてくれるからです。**それは、自分の感情を押し込めたり、底抜けの楽天家を演じることではありません。この数か月の間に、私はちょっとやっかいな家族の問題に対処しなければなりませんでした。でも、何かを言う前には少し考えて、必ずポジティブな意図をもって言うように努力しました。そうすれば難しい状況に対応するにも、ネガティブにならずにすみます。そのほうがいつだって結果はずっといいのです。

以前よくつきあっていた何人かの友達は、いつの間にか離れていきました。一緒に愚痴がこぼせないと、話題がないのです。でもそのつきあいを失ったために空いたスペースに、もっとほかの恵みが見いだせます。前よりもずっと心に平和を感じるようになりました。

⑤マーティ・ポインター（コンピュータ技術者）

私が二十一日間を達成してから、四か月がたちます。これをやった一番の収穫は、自分と違う意見や、自分にコントロールできない事柄を受け入れられるようになったことです。また今までつきあっていた、人のあら探しや悪口で盛り上がるグループからは距離をおき、ほかのもっと親切な人たちとつきあうようになりました。こういういい友達との関係が始まったことは、とてもうれしいです。

二十一日間のチャレンジを終えるころには、今まで気がつかなかった自分のいい面も見えてきました。誰もが常に正しく行動できるわけではありません。私もよくしくじるのですが、自分の中の「光」の部分を見いだすことができるようになり、まわりの人や状況の不完全なところも大目に見られるようになりました。

これを書いている今、私の九十三歳になる母が、永遠の旅に出ようとしています。体重は三十数キロで、もう一週間以上食事をとっていません。ホスピスの看護師は、こんなに衰弱してまだ命があるのが不思議だといいます。とてもつらい状況ですが、私は恨み言を言うことを我慢し、牧師様が言われたように、神に救いを求めました。

すると昨日の朝、目覚めたときにふと気がついたのです。神は母に、九十三年間の命を支える健康と強い肉体を与えてくださった。この立派な肉体のおかげで、母は旅をし、三人の子どもを宿し育て、楽器を弾き、アフガン編みをし、考えたことを語り、書きつけ、豊かな人生を送ってきた。今もこの肉体は忠実にその役目を果たし、朽ち果てかけてはいるものの母の精神を宿している。なんとすばらしい贈り物でしょうか。私は今神をたたえ、感謝をもって神がお決めになった母の命の終わりを受け入れます。

ホスピスの牧師とともに母を見舞ったとき、私は、母に与えられた神の恵みに気がついた話をしました。牧師は涙ぐんで、ホスピスのスタッフのために、ブレスレットを五十個欲しいと言いました。スタッフたちは末期患者に尽くす情熱をもって働いてはいるものの、やはり欠点を備えた人間です。ポジティブな言葉だけを口にすることができるようになれば、よりよいサービスを与えられるのではないかと牧師は言うのです。不平不満からの解放というキャンペーンは、本当にこうやって社会の一端を変えていくのかもしれないと、私は思いました。

六か月前には、このブレスレットが自分の人生をこんなふうに変えるとは、想像さえしませんでした。これはまわりの人たちの人生に、たしかに大きな影響を与えています。

⑥ゲイリー・ヒルド（料理長）

去年の秋、親友のウィル・ボウエン牧師と、カンザスシティの彼の家の近くで乗馬を楽しんでいたときのことです。彼から、「不平不満から解放される運動」のことを聞き、興味を引かれました。

プロの料理人として、私は自分にもスタッフにも高いレベルを要求します。上質で創造性に富んだ料理を作り、より洗練された多様なメニューをお客様に提供するためには、批判的でなくてはならないと思っていました。

人生の三十年以上をプロのキッチンの中で過ごしてきて、従来のヨーロッパ式の厳しいトップダウンのマネジメントスタイルから抜け出すことができなかったのですが、このチャレンジのおかげで、もっと人間的で効率のいいコーチングスタイルに変換することができました。ウィルが提案した新しいプロセスは、意外な方法でしたが、非常にいいアイデアです。

二十一日間のチャレンジを「卒業」した私は、ポジティブな言葉を選んで使うようになり、自分を上司やマネジャーというよりも、より高い技術をもつコーチと考えるようになりました。すると、私と部下の双方にとって堅苦しさがなくなり、自由で和やかな会話ができるようになりました。

このチャレンジのプロセスは、「引き寄せの法則」と相通ずるものがあると思います。私の考え方も言い方も、解決をめざした前向きなものになり、

そういう態度はほかの人から同じような態度を引き寄せます。

私は今もブレスレットをつけています。人を批判したくなったときには、一呼吸おき、できるだけ教育的な方法でそれを表現するように心がけます。部下の料理人たちは、以前よりも私のアドバイスを喜んで受け、注意深く聞くようになりました。このチャレンジは、ものごとすべてに対する見方を変えました。仕事以外のストレスや心配事からも、いつの間にか解放されたというありがたいおまけまでついてきました。本当に感謝しています。

⑦ジャック・リング（洋服商）

始めたときには、不平不満を言わないことくらいが何のチャレンジなんだろうと思っていました。私は個人で紳士服の店をやっています。商売は私にとっては喜びです。お客や、仕入先の人たちなど、仕事を通してたくさんのいい人たちと知り合いました。仕入先のいくつかはファッション雑誌にも登場するようなデザイナーで、明るく積極的で想像力が豊かで、誰でも会ってみたくなるようなすてきな人たちです。

それでも、毎日のようにかかわっていると、できるだけ相手のいいところを見るという努力をしなくなるようです。ささいなことから、人間関係がギクシャクすることがあります。やがて口論となり、双方とも疲れ果てて不愉快な気分が残ります。誰しも、こういうことは避けたいものです。

私は、二十一日間のチャレンジを簡単に全うできると、たかをくくっていました。実際、おそらく簡単だったと思います、仕事、妻、息子たち、運転、仕事仲間、従業員、教会のキャンペーンの仕事、うちの猫、うちの犬、友人、顧客、銀行員など、私につながりのあるすべてが存在しなければ。

すべてのトラブルに共通するものは何か。そう、私自身なんです。私はブレスレットをはめ換えている間に、私は自分に何かまずいことが起こるたびに、責任を押しつける人間を探す傾向があるということに気づきました。また、まわりの人がささいなことでどれほど不平不満を言っているかも、気がつくようになりました。**多くの場合、問題は文句を言っているその人自身が**

持ち込んだもの。つまり、タネをまいたのは本人なのです。しかもコントロールできないことに対する、言ったってしようがない不平不満が多いんです。

ブレスレットをすり切れるほどはめ換えるうちに、人の不平不満を聞くと、こちらも不愉快な気分になり、疲れるのだということも、よくわかりました。

私にもやっと見えてきました。不平不満を言うことがどれほど、自分だけでなく人にも迷惑かということが。それでこのチャレンジを、何が何でも最後までやらなくてはと思ったのです。誰かが不平を言いはじめたら、私は自分の口をしっかり閉じます。心の中に不平不満が浮かんできたら、解決につながることとか、少なくとも状況を受け入れるような言葉を探りはじめます。バレンタインの日に、仕事仲間と夫婦で旅行をしたのですが、その旅の間にようやくチャレンジを達成しました。

私が不平不満を言わなくなるにつれ、まわりの人も言わなくなってきました。誰かが不平を言っても、私は批判されたと考えず、その人が今起こっている事柄について理解しようとしているのだと、とらえるようにしています。

解決策を探るか、さもなければ事態を受け入れる。そういう姿勢でいると、ストレスが減って、家でも仕事でも事がうまく運ぶようです。私が不機嫌にならなくなったので、家族や仕事仲間との関係もよくなりました。私は以前より幸福です。

ほかの人が怒りを発散させているときは、黙っています。相手は張り合いがないので、自分が口にした言葉を反省するようになります。不平不満もケンカと同じで、相手がないと成り立たないのです。紫のブレスレットは、はめていない人にも恩恵があります。不平不満を向ける相手がいなくなれば、今ある問題にしっかり対処する気になり、与えられた人生とうまく折り合っていこうと思うようになるでしょう。

不平不満をなくすことは、瞑想《めいそう》による沈黙に近いかもしれません。神の声も聞こえやすくなると思います。

⑧リック・シルヴィー（大学教授）

これほど長い時間がかかるとは、まったく予想外だった。自分がゴシップや愚痴などを言う人間だと思っていなかったし、皮肉はともかく、不平不満はあまり言わないと思っていたからだ。しかし、自分の言動に注目するようになってみると、不平不満というのは、このチャレンジがそう簡単に達成できないほどひんぱんに、その醜い頭をもたげているのだとわかった。

私は、これまでの長い人生でつちかった精神の熟達を武器に、自分の生活から不平不満を一掃しようと決心した。一日三回、この経験に出合えたことを神に感謝し、この経験がどんな結果となって表れるかを思い描いた。また、自分の行動を肯定的にほめたり、格言を口にしたりして、自分を励ますようにした。

私の当初の目標は、無意識の中に埋め込まれた望ましくない習性を、意識のレベルに移行させることだった。意識のレベルにあれば、それらを排除することが可能だからだ。このプロセスは不可欠である。こうして、ゆっくりとしかし着実に、不平不満やゴシップが減っていった。

この、不平不満をなくすという演習は、現実に対する楽観的な展望を強化してくれた。今私は、ネガティブな考え方が、いかに自己や他人との良好な関係を損なうかということを理解するようになった。そして、同僚、家族、学生との関係が改善されるのを実感することができた。私は以前よりも忍耐強くなり、追い詰められた気持ちになることが減ったように思う。政治家たちは相変わらず、私に精神的成長の機会を与えてくれるけれど、彼らの言動によっても、以前ほど腹を立てることがなくなり、少し自分を感情的に切り離すことができるようになった。誤解しないでほしいが、私は今でも自分の信念に関しては確固たる核をもっている。ただ、自分の立場をより洗練されたやり方でコミュニケートできるようになったということだ。

この演習を、私はもう二十一日間延長することにした。今回は、不平不満、ゴシップ、皮肉を控えることに加え、自信のなさや迷いといったものを心の中からなくすようにしようと思っている。自分のためにならないネガティブな考え方もなくしたい。そのようにして、いつか私が理想とする真のキリスト教精神を実現できるかもしれないと思っている。

この経験は私にとって、ジョージ・バーナード・ショーのこの言葉に要約される。「人生は私にとって、束《つか》の間のろうそくの炎ではない。輝かしいたいまつのようなものだ。それを一瞬握ることができたのだから、できるかぎり明るく燃やして、次の世代に引き継ぎたいと思う」。**不平不満から解放された人間になることは、バーを一段上げて新しいスタンダードを次世代に示すことである。**

⑨トム・アルヤー（ビジネスコンサルタント、「不平不満のない世界」シニアコーディネーター）

昔、テレビ番組「ルーシー・ショー」のファンだった私は、ルーシーの旦《だん》那《な》のリッキー・リカルドが帰宅して、玄関を入りながら「おーい、ルーシー、帰ったよ」とどなる場面が好きでした。私も、新婚の何年かはまねをしたものです。「おーい、ミッシャ、帰ったよ」しかし、いつごろからか、こう言うことが多くなりました。

「ただいま、ああ、頭が痛い（足が痛い、腹が痛い）」

愚痴をこぼすことが、生活の一部になっていました。相手の関心を引き、自分の意見を通す手段として、あるいはただ会話を始めるきっかけとしても、愚痴を使っていたようです。それでも私は、自分がポジティブでハッピーな人間だと思っていました。少なくとも、あの年の七月、教会から戻って、妻に二十一日間のチャレンジのことを話すまでは。


私は張り切って「教会の誰よりも早く二十一日を達成するぞ」と妻に言いました。彼女はにっこりして「二十一日ねえ。二十一分間でも大丈夫かしら」と言います。そのたった六分後、なるほどこれは「チャレンジ」だとわかりました。私は早速、「まったくなんて暑さだ。ああ、きっとまた頭痛が始まるに決まってる」とやってしまったのです。妻が私を見て、それからブレスレットに目をやりました（私はその場で、二回ブレスレットをはめ換えました。一回口をきいただけで、二回愚痴をこぼしたからです）。六分間黙っていたのが気詰まりだったので、何か言おうと思っただけなのです。妻の関心を引きたいとき、そういうことを言うのが一番だと思っていたようなのです。

不平不満なしに、会話を始めることを学ぶ。これが私の最初の目標でした。それが一応できるようになったら、次の不平不満をターゲットにしました。たとえば、子どもたちの部屋が汚いことです。ティーンエイジャーに向かって部屋が汚いと文句を言ったら、いくらかでもきれいになるでしょうか？それに天気。誰に何ができるでしょう。こうして、リストアップした不平不満を次々に攻略していくうち、どれほど自分の考えや言葉がネガティブだったかがわかってきました。

五か月後、二十一日間のチャレンジをやっと達成しました。私の頭痛はどうなったかって？　はい、かなりよくなりました。そもそも、それほどひどかったわけではないのです。今はとくにこれといった健康問題はなく、多少悪いところも回復しつつあると感じています。以前より幸せになったかって？　そりゃもう！　子どもたちと一緒の夕食時に、前のように部屋が汚いとかいう小言の代わりに、彼らの将来の夢や希望について話し合うようになりました。楽しいすばらしいひと時です。二十一日間のチャレンジをやめずに続けてよかったかって？　すばらしい結婚生活と三人の愛する子どもたちに恵まれたことの次に、このチャレンジは私の人生に起きた最高の出来事でした。

⑩キャサリン・ボーム（看護師）

ブレスレットを手にしたとき、一日不平不満を言わずに過ごすだけでも、とても難しいとわかりました。週末は何ごともなくすんでも、またすぐに月曜日がやってきます。私は自分の仕事をこよなく愛していますが、どんな仕事にも、組織や運営上の問題が必ずあるものです。

五か月ほどすると、まわりの人たちが「幸福証書」をもらうようになり、私もがんばらなくちゃと決心しました。私は職場の仲間に事情を話し、悪口やゴシップを言わないように、また私をその仲間に入れないように頼んだのです。ネガティブな会話に引き込まれそうになったときは、ブレスレットを引っ張って見せます。するとみんなは話題を変えてくれました。

二週間ばかりが無事に過ぎましたが、とりわけ仕事が大変だったある日、一人の医者がひどく私の気にさわることを言ったので、振り出しに戻るはめになってしまいました。看護師仲間は協力してくれても、医者たちが問題です。

次の日、ある会社の医療記録を古いコンピュータシステムから新しいシステムに移す手伝いをするために、看護師三人が借り出されました。しかし、手順などの指示がちゃんと与えられていなかったので、それはそれは大変だったのです。終わってから食事に行った私たちは、二時間にわたって、不平不満をぶちまけました。

こうしてまた振り出しに戻ってしまいました。その後、やっと二十日目まで到達したときでした。朝出勤すると、私のことを快く思っていない一人の看護師が入ってきて、一緒に働いているのに口をきかないのです。そこに例のいやな医者が入ってきました。あと一日というところで、私は最大の難関二つに直面させられました。私は思わず笑って、心の中で神様に言いました。「神様もユーモアのセンスがおありですね。わかりました。受けて立ちましょう」。私はその一日を、不平不満を言わずに過ごせたばかりか、仕事を始めて以来最良の日とすることができました。

⑪パトリシア・プラット（教師）

最初は、「こんなの簡単だわ。不平不満なんてあんまり言わないし、第一私は独身だもの」と思っていました。ところが、結局ゴールにたどり着くのに、四か月近くかかりました。

子どものとき、私は父親と伯父《おじ》に、性的虐待を受けたのです。こういう境遇に耐えるために、アルコールや麻薬や、不健全な男女関係に逃げ込まざるをえませんでした。十八年前、ようやくそんな生活から脱し、過去のトラウマも癒されはじめました。しかし、自尊心の低さとうつ状態は、その後も私を苦しめました。ネガティブな自分からどうやって抜け出せるのかわからなくて、セラピーを受けたり、アファメーション（肯定的な自己宣言）を試したり、自己啓発の本を買って読んだりしました。人はよく、「そういうふうに暗く考えるなよ」と言います。でもどうすればいいかわからなかったのです。この「不平不満から解放されるチャレンジ」が、やっと私を自由にしてくれました。

最初は、日に何度もブレスレットをはめ換えていました。それからようやく、はめ換えないまま二日が過ぎ、七日が過ぎ、二週間がたちました。ところがそこから先になかなか進めません。そのころ、地元の新聞にこの運動のことが報道され、私の名前が載ったのです。生徒たちに聞かれて説明したところ、自分たちもやってみたいと言います。さあ、二十五人の小学四年生が私を見ています。もう一度がんばる勇気がわきました。

難しかったのは、ほかの人たちがひんぱんに口にするネガティブな言葉に、敏感になったことです。そういう言葉を耳にするたびに、腹が立ったり、批判的になってしまいます。どこかに隠れてしまいたくなることもあるけれど、いつもそうできるわけではないし、逃げていたら、問題に対処することを学べない。それならよい聞き手になろうと思いました。人の言葉の裏にあるメッセージを聴き取ろうとするんです。たとえば、同僚が担任をしているクラスのことで愚痴をこぼしたら、そのことに口を挟むのでも、黙っているのでもなく、「それはイライラするよね。私もそういう経験があって、そのときはこういうことをしてみたけど」といったコメントを言います。こうしてがんばっているうちに、人間関係の質も高まっていくような気がしました。

このチャレンジを達成したことの一番の賞品は、「うつ」からついに解放されたことです。今は毎日、喜びや満足を感じることができます。子どものころからずっと祈りつづけ求めつづけてきた心の安らぎが、ようやく手に入りました。いら立たしいことがあっても今は、不平不満も泣き言も言いません。むしろその状況の中の恵みに感謝します。愛とは、無条件に相手を受け

入れること、相手のよい点を探すことです。

達成者たちのコメントで、共感できることがありましたか？　彼らの物語の中に、いいなと思うような変化や改善点が見つかりましたか？　あなたも、暮らしの中にはびこっている不平不満を取り除く努力をすれば、ここに紹介したようなストーリーを、あなた自身の現実にすることができます。**うまくいくまで何度でも挑戦してください。いつか必ず成功します。**

エピローグ

不平不満を言うことと、過ちや欠陥を指摘して正すことを、混同してはならない。不平を言わないようにすることは必ずしも、悪い品質や無礼な態度を我慢することではない。ウェイターに、スープが冷めているので温め直す必要があると告げることは、それがニュートラルな事実に基づいたものであるなら、そこにエゴは介在しない。「こんな冷めたスープを出すとはどういうつもりだ!」というのは不平不満である。

——エックハルト・トール『A New Earth』より

一房のブドウの成熟がほかを熟させる

この本の内容をよく要約してくれているのが、右ページのエックハルト・トールの言葉でしょう。**あなたの状況を改善できる立場の人に、事実を告げることは、不平不満ではありません。誰かに怒りをぶつけたり、自分あるいはほかの人に向かって状況を嘆いたりすることは、不平不満です。そういう態度は、ますます自分の欲しない状況を引き寄せます。**

冷えたスープを出したウェイターを言葉で攻撃すれば、彼は熱いスープを持ってはくるでしょうが、腹立ちまぎれに何か変なものをスープに入れないとも限りません。人は文句を言われたり非難されたりすると、攻撃されたと感じ、まず自己防衛的になるのです。反撃という形をとることすらあります。そうでなくとも、あなたは不平不満によって、自分は犠牲者であるというメッセージを世の中に発信しているのですから、さらに加害者を呼び寄せることになります。

不平不満は往々にして、人の関心を引こうとする行為でもあります。誰でも人から認められたいと思っていますが、不平不満をしょっちゅう言う人は、自分に自信がないために人の関心を引きたいのです。自分は違いがわかるのだということを周囲に示すための手段として、不平不満を言います。また、努力や成長や生活の改善などをしない言い訳としても言うし、自分が設けた制限を正当化するためにも言うかもしれません。

不平不満を言うと、不平のタネをオーダーするようなもので、悪いことがさらに起こり、悪循環が永遠に続きます。それから逃れる道は、不平不満を言うのをやめて、ポジティブなことが起きたときに、感謝を表すことです。誰の人生にも、感謝できることは必ず、たくさん起こります。私は毎朝目が覚めたときに、自分がありがたいと思うことを五つ、紙に書きつけるようにしています。ただ頭で考えただけよりも、その印象が残るからです。

はっきりと表現したことは、なぜか実現することになります。ネガティブな不幸なことを話せば、ネガティブな不幸なことが起こります。ありがたいと思っていることを話せば、よいことが引き寄せられます。自分が考えていることは、口から出ます。これが毎日の現実を形作っているのです。意識しなくても、あなたは毎日自分の人生のコースを敷いて、その上で生きています。その結果、快適な暮らしだったり、つらい暮らしだったりするわけです。

子どものころ母がよく話してくれたお話の中に、パン屋と旅人とケチな商人が出てくる話がありました。一人の旅人が食べ物と一夜の宿を求めて商人の家にやってきます。ケチな商人と女房は、旅人を追い払ってしまいます。

旅人はそれからパン屋を訪ねます。パン屋は一文無しで、パンを焼く材料も底をついていました。それでも旅人を家に入れ、乏しい食料を分け与えます。自分のベッドも貸してやります。翌朝旅人はパン屋に礼を言い、「あなたは、朝最初にすることを、一日中するでしょう」と不思議なことを言います。

それがどういう意味かよくわかりませんでしたが、パン屋はこの客にケーキを焼いて持たせてやろうと思いました。彼は、最後に残っていた材料、二つの卵と、一カップの小麦粉、砂糖とスパイスを使って、ケーキを焼きはじめました。ところが驚いたことに、材料は使っても使っても減らないのです。

二つの卵を取り出すと、そこには四つの卵が現れます。小麦粉の袋から最後の一カップの粉を振り出すと、袋を下に置いたとたん小麦粉でいっぱいになりました。パン屋は大喜びして、夢中でいろいろなおいしいお菓子を焼きました。町の広場はかぐわしいパンやクッキーやケーキやパイの香りでいっぱいになりました。そして、パン屋の前には長いお客の列ができました。

パン屋の引き出しはお金であふれました。その夜、疲れきってはいても幸せな気持ちのパン屋の家に、ケチな商人がやってきました。「どうして今日は、そんなにたくさんのお客が来たんだ。町中の人がパンやケーキを買いに来たじゃないか」。パン屋は、自分が泊めた旅人のこと、今朝の不思議な予言のことを話しました。

商人と女房は、パン屋から駆け出して、街道を走りました。そしてようやく、ゆうべ追い払った男を見つけます。「旦那《だんな》さん」と商人は男に呼びかけました。「昨日のご無礼をお許しください。どうぞ戻って、私どもにおもてなしをさせてください」。旅人は何も言わずに、彼らと一緒に町へ戻りました。

商人は旅人に、ご馳走《ちそう》と上等のワイン、それにおいしいデザートをふるまいました。豪華な羽根布団のベッドもすすめました。翌朝旅人が出かけるとき、商人と女房は期待を込めて、魔法の言葉を待っていました。旅人はもてなしに対する礼を言って「今朝最初にすることを、今日一日中することになるだろう」と言いました。

旅人をさっさと送り出すと、商人と女房は店に戻りました。大勢の客が来るにちがいないと、商人はホウキで床を掃きはじめました。女房は十分なお釣りがあるだろうかと、引き出しの中の小銭を数えはじめました。夫は床を掃き、妻は小銭を数える。妻は数え、夫は掃く。なぜか、やめることができません。とうとう一日中そうしていました。

パン屋も商人も同じ予言をもらったのです。パン屋は一日を前向きで人のためを思う行動から始め、大きな恵みを手に入れました。商人は、ネガティブで利己的なことから始め、何も手に入りませんでした。**天から与えられる運勢はニュートラルなものです。人が人生をつくる能力もまたニュートラルです。あなたは人**

生を好きなように使えます。自分がタネをまいて自分が刈り取るのです。

誰かがあなたをひどく非難したなら、それは彼ら自身の恐れと自信のなさから来るのだということを思い出してください。自分の立場が弱いと感じ、自分を大きく強く見せようとして、しんらつな言葉を大げさに言うのです。自分が傷ついているから人を傷つけたいのです。

世の中をよくしたいと思えば、まず自分の心の中の不和をなくすことから始めなければなりません。言葉を変えれば、考えが変わり、まわりの世界を変えることになります。不満を言うのをやめれば、ネガティブな考えは出場所を失いますから、心のあり方が変わってきて、幸福を感じるようになります。

二十一日間のチャレンジを終えた人は、依存症から回復したばかりの人と同じです。アルコール依存症患者は、どんなに長く断酒していても、酒飲みの近くにいるとつい飲んでしまうものだそうです。もしまわりの人が不平不満ばかり言うならば、そこから離れるほうがいいでしょう。職場の同僚ならば、部署を変わるか、職場を変えたほうがいいかもしれません。その人たちが友人なら、別の新しい人間関係を発展させていきましょう。親類であれば、つきあいを制限する必要があるかもしれません。

ネガティブな人たちにあなたの望む人生をじゃまさせることはありません。今の習慣を身につけるのに、二十一日かかったということは、またそのくらいの時間で元の習慣に戻ってしまうということです。だから、周囲の不満屋を警戒し、自分を大事にしてください。不平不満を言う人から遠ざかることは、その人たちに自分の人生を反省する機会を与えることにもなります。

まわりの人にも、ぜひ変わってほしいと思うなら、あなたがお手本になることです。そして彼らを愛することです。作家デニス・ウェイトレーはこう言っています。「愛とは無条件にその人を受け入れ、いいところを探すこと」。いい面に焦点をあててそれを言葉で表現すると、それが強化されます。不平不満をやめさせようとしなくても、自分が不平不満から解放されて、そんなものが不要な人生のビジョンをもてば、その響きはまわりの人にも伝わっていきます。それでも変わらない人たちは居心地が悪くなって離れていくでしょう。

ふだんネガティブに使っていた言い回しを、ポジティブな意味で使うのも効果的です。何かいいことが起きたら、ささいなことでも、「前からわかっていたさ」という笑みを浮かべて「ほら、やっぱり」と言いましょう。いいことがもっと引き寄せられてきます。雨がザーザー降る日、行こうとする店の前に一台分の駐車スペースが空いていたら、「やっぱり！」パーキングメーターにお金を入れ忘れたのに、チケットが挟まっていなかったら「いつもこうなんだ！」。誰かが何かのことであなたを批判したら、「教えてくれてありがとう！」。最初はたしかにばかばかしく感じるのですが、いつもこういう力強く肯定的な言葉を使っていると、がっちりした土台が築かれ、その上に喜びと豊かさが積み上げられていきます。

この不平不満からの解放という運動は、一時的な流行にすぎないと言う人もいます。ケン・ハクタは彼の著書『How to Create Your Own Fad（自分自身の流行をつくり出す法）』の中で、一時的流行のことを、「今日誰もが欲しがり、明日は誰も欲しがらないもの」と定義しています。おそらく紫のブレスレットの需要は一時的な現象でしょう。毎日何千という注文が来ますから、今のところは大勢の人がこれを欲しがっています。いつまでこれが続くだろうかと聞かれたら、私は六十億個に達するまでと答えることにしています。つまり地球に住む人みんなです。

しかし実際には、それほど広がることはないでしょう。いつかこの紫のブレスレットは、二十一世紀初頭に起こったささやかな現象にすぎなくなると思います。でも、不平不満から解放されることは、一時的な流行ではありません。このシンプルながら大切な考え方によって、世界は前と同じではなくなるからです。人の意識の変化はいつまでも残ります。ランプから飛び出した精霊を、また押し込めることはできません。

今私たちは、児童心理学者と共同で、学校のプログラムを作成しています。不平不満のない人間関係のモデルをつくりたいのです。職場や教会、その他の場所でも使えるモデルです。また、各界のリーダーたちに、「不平不満のない日」を設けてもらうように働きかける試みも始まっています。祝日などではなく、「禁煙の日」のようなもので、不平不満や悪口やゴシップがないとどんな感じなのか、みんなに味わってもらう日です。米国やカナダでは、これを感謝祭の前の日にしようという動きがあります。不平不満のない日を過ごした翌日、感謝の一日を迎えるというのは、いいアイデアだと思います。もし賛同してくださるならば、あなたの国のリーダーたちに働きかけてくだされば幸いです。

ラリー・マクマトリーの小説『ロンサム・ダブ』の中で、似非《えせ》インテリのガスという名のカウボーイが、自分の貸し馬屋の看板に、「Uva Uvam Vivendo Varia Fit」というラテン語の格言を彫りつけます。マクマトリーは格言を説明していないし、スペルも間違えているのですが、それはたぶん、このカウボーイがラテン語をよくわかっていないことを示すためでしょう。正しいスペルは「Uva Uvam Videndo Varia Fit」で、一房のブドウはまわりの色づきを見て自らの色を変えるという意味。言い換えれば、一房のブドウの成熟がほかを熟させるということです。

ブドウ畑では、一房のブドウが熟しはじめると、その波動、酵素、香り、あるいはエネルギーの場が発散して、それがほかのブドウに伝わります。一つが周囲に、今こそ変わる時期だとシグナルを送るわけです。あなたは、この一房のブドウになることができます。別に何もしなくていいのです。あなたの言葉や考えの中には、最善のものだけが含まれていて、それが発散されているからです。それがほかの人に、今こそ意識を変えるときだというシグナルを送っています。

人間には同調の法則があることを、前にお話ししましたね。これは大変パワフルな現象です。私たちは意図をもって自分の生き方を選ばなければ、ただ人に同調して生きてしまいます。無意識に、周囲の人の生き方に従って暮らしてしまうことも多いのです。

私の父は、若いときモーテルを経営していました。向かいには、中古車の販売店があったのですが、父はそこへ行ってあることを交渉しました。モーテルの客の入りが悪い日には、父は夜になると向かいへ行って、何十台という中古車をモーテルの駐車場に移すのです。するとまもなく、モーテルには客がたくさん入りはじめます。道路を通る客は、モーテルの駐車場が空っぽだと、避ける傾向があります。逆に駐車場に車がたくさん止まっていると、きっと評判がいいのだろうと考えるわけです。人は他人の行動に影響され、同調します。

ゆうべ私は、草原で吠《ほ》えるコヨーテの声で、夜中の三時ごろに目が覚めました。うちの二匹の幼いコヨーテの一声から始まって、群れ中が吠えはじめました。うちの二匹の犬がそれに反応して吠えます。やがて近所の犬も吠えはじめ、谷中に吠え声が満ちました。最初のコヨーテがさざ波を起こし、波紋が広がったのです。吠え声は何キロも離れた四方八方から聞こえます。

あなたがあなたであることが、世界に影響を与えます。あなたが不平不満を言っていたころ、その影響はネガティブなものだったかもしれません。しかし今は、世界にポジティブな精神のお手本を示すことができます。大海に起きたさざ波を、世界に広げていくことができるでしょう。あなた自身が福音なのです。

謝辞

ミズーリ州カンザスシティ、キリスト教会ユニティに集うすばらしい信者のみなさん、ボランティアのみなさん、寄付をしてくださった方々、サポーターのみなさん。みなさんのおかげで「不平不満を言わない運動」が現実のものとなりました。心から感謝申し上げます。

そして、尽きることのない愛と励ましを与えてくれた妻ゲイル、私を信じて応援してくれた母リンディ、父ビル、兄弟のチャックとデイブ、義母ボビイにお礼を言います。

また、感想を述べて導いてくれた「レベル5メディア」のスティーブ・ハンセルマン、筋の通った立派な生き方のモデルとなってくれたアリス・アンダーソン、私がベストを尽くすように後押ししてくれたサリー・テイラーに感謝いたします。

そのほかにも、テリー・ランド、ヤコブ・スマノフ、ダン・マーフィ、クリス・ドゥ・レオン、スティーブ・ホール、アダム・カーン、ゲイリー・ヒルドのみなさん、時と距離を超えた友情に感謝いたします。

スティーブ・ルービン、ビル・バリー、トレイス・マーフィをはじめとする、ダブルデイ社のすばらしいスタッフのみなさんありがとう。ジョー・ヤコブソン、いつも助けてくれてありがとう。

最後に、人生の新しい枠組みに心を開き、私たちの世界に輝く光が差し込むようにしてくださった親愛なる読者のみなさまに、心からお礼を申し上げます。

訳者あとがき

世の中に起こる「驚くべきこと」といえば、悪いことが多いのだが、こんなすばらしい「驚くべきこと」も時には起こる。

そもそもの発端は、二〇〇六年夏、米国ミズーリ州カンザスシティにある小さな教会の日曜講話だった。世間に愚痴や中傷がはびこるのを憂いた牧師が、信者に「不平、ゴシップ、悪口を言うのをやめましょう」と呼びかけた。その小道具として配られたのがシリコン製の紫のブレスレットだった。不平や悪口を言ってしまったらブレスレットを他方の腕にはめ換える。連続二十一日間はめ換えずにいられたらゴールというゲームのようなことを始めたのである。

その反響は予想を大きく上回った。完走するのに平均数か月かかるのだが、その間に信者たちから「生活にすばらしい変化が起こった」という声が上がりはじめ、この評判は口コミやブログを通して町から州へ広がり、メディアがこぞって取り上げたため全国へ広がった。また二〇〇七年に牧師の最初の著書『もう、不満は言わない』が刊行されてベストセラーになると、反響はさらに大きく爆発的に世界へ広まっていった。

ブレスレットはわずかの間に、世界百六か国に六百万個が発送された。現在ではその数字は一千万個に近づいている。これは何か新手の商法なのだろうかと思う人もいるかもしれないが、そうではない。ブレスレットは現在に至るまで注文してくる人全員に、送料の実費以外無料で配布されている。教会が財政破綻《はたん》しなかったのはひとえに、人生が変わったと感じた人たちが感謝の寄付を送ってきたからである。

あるいは宗教が人々を洗脳しているのではと思う人もいるかもしれないが、もちろんそうではない。本書を読んだ方はおわかりだと思うが、ここで起きている現象はまったく「当たり前のこと」であり、世界中の誰もがとうの昔から知っていたことにすぎない。つまり愚痴や悪口は言わないほうがいいという、それだけのことだ。ただ、頭でわかっていてもなかなか身についた習慣を切り替えるのは難しい。それを紫のブレスレットが手助けした。驚くべきは、こんな単純なルールルがこれほどの力を発揮したという事実である。

不満を言わない二十一日間チャレンジを始めた人たちにどんな変化が起きたかを、著者は四つの段階に整理して説明している。まず習慣のように無意識に不平を言っていた状態（第一段階）。そのうちに自分がどれほど多くの不平を口にしているかがわかってうんざりしてくる（第二段階）。そして意識して不平不満を言わないように努力しはじめる（第三段階）。ここに来ると、まわりの人が口にする愚痴や悪口を聞き苦しいと感じるようになり、人間関係を不必要にぎくしゃくさせることの愚かさも見えてくる。また努力の成果が表れはじめ、家庭や職場の雰囲気が和らいでくるのが感じられる。最終的に不平やゴシップから解放されて自然体で前向きでいられるようになったとき（第四段階）、こんなよい生き方があったのに、自分は今まで何をしていたのだろうと思う。これでゴールである。

日本では二〇〇八年に単行本『もう、不満は言わない』がサンマーク出版から刊行された。米国ほどではないにしろ、やはりその反響は大きく、編集部には読者からの手紙が数多く届いた。

「ある人にずっと言いたかった、ありがとう、すまない、がやっと言えました」

「このチャレンジをしている今の自分が好きです」

「何年も前からの心身症が軽快してきました」

「この本のおかげで、離婚した妻ともう一度やり直せそうです」

「八十年生きてきて、この本は最高の贈り物です」

胸が熱くなるようなたくさんのメッセージに、編集部も感動したという。


本書を翻訳する機会を与えられ、「驚くべきこと」の一端に加われたことは、私にとってこの上ない幸せだった。翻訳作業を完了したときには、ブレスレットのチャレンジを完走した人たちと同様の変化が自分にも起きていた。このたび文庫化が実現し、さらに多くの方々にこの本を読んでいただけることを本当にうれしく思う。

なお、人間関係に的を絞ってさらに深い洞察と実践的なアドバイスを収めた続編『もう不満は言わない【人間関係編】』（単行本刊行時のタイトルは『もう、不満は言わない【実践編】』も同時に文庫化されたので、こちらもぜひ読んでいただけたら幸いである。

二〇一二年二月

高橋由紀子

A Complaint Free World by Will Bowen

This translation published by arrangement
with Harmony Books, an imprint of the Crown Publishing Group,
a division of Random House, Inc. through Japan Uni Agency, Inc., Tokyo.

単行本　二〇〇八年六月　サンマーク出版刊

サンマーク文庫

もう、不満は言わない

2012年5月25日　初版発行
2017年8月30日　第2刷発行

著者　ウィル・ボウエン
訳者　高橋由紀子
発行人　植木宣隆
発行所　株式会社サンマーク出版
東京都新宿区高田馬場2-16-11
電話 03-5272-3166

フォーマットデザイン　重原 隆
本文DTP　山中 央
印刷　株式会社暁印刷
製本　株式会社若林製本工場
落丁・乱丁本はお取り替えいたします。
定価はカバーに表示してあります。
ISBN978-4-7631-6013-3　C0130

ホームページ　http://www.sunmark.co.jp